Inteligencia emocional proactiva para el manejo de las finanzas

Descubre las bases para establecer una buena relación con el dinero

Gusmar Carleix

© Derechos de autor 2020 por Gusmar Carleix
Todos los derechos reservados.

Este documento está orientado a proporcionar información exacta y confiable respecto al tema en cuestión. La publicación es vendida con la idea de que el editor no está obligado a prestar servicios calificados, oficialmente permitidos o rendir cuentas de otra manera. Si algún asesoramiento es necesario, ya sea legal o profesional, debe ser ordenado a una persona con experiencia en la profesión.

De una Declaración de Principios la cual fue aceptada y aprobada igualmente por un Comité del Colegio de Abogados de los Estados Unidos y por un Comité de Editores y Asociaciones.

De ninguna manera es legal reproducir, duplicar, o transmitir cualquier parte de este documento, ya sea por medios electrónicos o en formato impreso. La grabación de esta publicación está estrictamente prohibida y cualquier almacenamiento de este documento no está permitido a menos que tenga el permiso por escrito del editor.

Tabla de contenido

Introducción   11

Capítulo 1: la gestión inteligente de las finanzas   17

¡El plan efectivo de pago de tus deudas!   22
El dinero no es para impresionar   28
Establece prioridades financieras   31
¡Invierte ya! Pero, antes… piensa bien   33

Capítulo 2: ¿las emociones afectan las finanzas?   39

El miedo irracional a la pérdida y al cambio   41
Canaliza la adicción a la adrenalina del riesgo   44
El caro placer del corto plazo   47
El estatus y los gastos superfluos   50
El ego y el estilo de vida   52

Capítulo 3: aprovecha las habilidades de tu inteligencia emocional   55

Tener conciencia de sí mismo	58
Desarrollar el autocontrol	59
La motivación intrínseca a nuestro servicio	65
La empatía nuestra aliada en las relaciones Interpersonales	67
La importancia de las relaciones sociales en nuestro ámbito laboral y personal	71
Aumenta tu inteligencia laboral	75
Desarrolla tu inteligencia emocional	77

Capítulo 4: identifica y superar los detonadores Negativos **81**

La prioridad del ser para luego tener	84
La complacencia desmedida	86
La envidia impide disfrutar tu propia vida	89
La presunción afecta tu estilo de vida deseado	90
La negligencia deja pasar las oportunidades	92
La angustia te limita en diferentes áreas de tu vida	93
La pereza es aliada de la carencia y de la pobreza	96
El resentimiento impide el crecimiento	100

Capítulo 5: ¡supera a los saboteadores de la inteligencia emocional en las finanzas! **103**

El miedo paralizador	105
¡no te sabotees!	106
Cómo enfrentar las personas tóxicas	108
¡Deja de procrastinar!	110
No le temas al estrés, enfréntalo	112

Traumas generados por fracasos pueden
convertirse en nuestros aliados 114
¡cuidado con el exceso de confianza! 117

**Capítulo 6: identifica el foco emocional
que afecta tu estado financiero** **121**

Tu realidad financiara es transformable 123
Los buenos hábitos fortalecen la libertad financiera 128

Conclusión **133**

Otros de mis libros

Bienvenido (a) a la lectura de este libro, antes de avanzar me permito recomendarte otros de mis libros:

Consejos para pasar de empleado a Freelancer

Cómo escribir libros de no ficción

El libro para transformar tus hábitos y ser más proactivo.

Estos y otros más los puedes encontrar en mi página de autor de Amazon:

https://www.amazon.com/Gusmar-Carleix/e/B089C-NZS6M

Introducción

Vamos por el mundo como caminando sobre una cuerda floja que nosotros no hemos tensionado; solo podemos verificar su consistencia a medida que avanzamos. El equilibrio es la sostenibilidad económica y el disfrute de nuestro trabajo, aunque la vida no esté únicamente en función del trabajo, sin embargo, donde florecen fértiles frutos de éxito laboral hay disfrute y realización emocional.

Las condiciones globales de la economía son factores que nos hacen tambalear, pues no están bajo nuestro control y que aunque quisiéramos eludir o escapar, siempre estarán allí y cumplirán la función que deseemos asignarle ya sea de aliados o de enemigos. Estas "condiciones dadas" nos dan vueltas mes a mes, cuando pagamos en el supermercado o cuando tenemos los mensajes sobre las cuentas pendientes de la tarjeta de crédito y otras deudas en lista.

Incluso, hasta en nuestros momentos de éxito pensamos demasiado en aquello que no podemos controlar y dejamos de concentrarnos en lo que sí tenemos influencia, y es allí donde este libro quiere centrarse: en el aspecto práctico de las finanzas, en el cómo usarlas a tu favor.

Te habrás preguntado: cómo gestionar de manera efectiva tus finanzas para obtener los mejores resultados; y tal vez la respuesta en la mayoría de los casos ha sido: trabajando de manera ardua; no obstante, cuando empiezas a trabajar para crear capital los resultados exitosos se avistan cada vez más lejos y se tiende a pensar que el crecimiento será un "fruto" que se cosechará en el futuro, pero ese fruto vale el esfuerzo de muchos días de solucionar problemas y vivir con lo básico.

Este hilo de pensamientos nos lleva a centrarnos en un estilo de vida plano, donde la riqueza emocional es tenida en cuenta en poco o en nada. Por esta razón, se toma solo en consideración el aspecto económico, cuando en realidad tenemos múltiples dimensiones que debemos gestionar desde nosotros para poder expandir el crecimiento en todos los niveles: el profesional, el económico, el emocional o espiritual, el mental y el relacional.

Cuando empiezas a construir un estilo de vida que se gestiona teniendo en cuenta el crecimiento como un todo, el "tambalearte" será menos común, pues irás estabilizando gradualmente tu emocionalidad y ello brillará en todas las acciones que lleves a cabo. El riesgo es algo de lo cual no podemos deshacernos como humanos. Está presente en las relaciones, en la economía; y hasta en las grandes empresas con una trayectoria ejemplar en el mercado, los cambios son y serán inminentes.

Si decidimos mostrar un interés real en nosotros mismos, y en transformar la manera como hasta ahora hemos hecho las cosas, entonces estamos caminando hacia el equilibrio. Cuando analizamos nuestro proyecto de vida y ponemos énfasis en los riesgos, se nos presentan dos opciones: estar fuertemente influidos por el temor de que las condiciones siempre tienden a empeorar, o estar conscientes del entorno variable en el que vivimos y nos armamos con nuestra historia y trayectoria, con nuestras seguridades y las contraponemos a las variables futuras.

El tiempo es ahora, en este mismo instante, incluso sin tomar la decisión exacta de comenzar, si te sientes estancado, o hace mucho tiempo que crees haber abandonado tus objetivos, o incluso si tienes un prejuicio sobre ti mismo estás en un proceso constante de transformación. Tu tiempo es tu primera riqueza. Los días que pasarás trabajando o con la familia, gastando en el centro comercial o simplemente estando en contacto con la naturaleza, son tan tuyos que aunque quisieras dedicarlos plenamente a una persona, siempre volverás al diálogo interior al final del día.

Cuando caiga el velo de la noche y todo oscurezca, no brillará el dinero que ahorraste en el banco ni tu capacidad endeudamiento. Brillarán los momentos que viviste al máximo, desde el interior y no desde la sonrisa impostada para la selfie. Como diría la abuela "al cajón vas a llevarte nada". Entonces haz que esa nada valga la pena, que esté fundada sobre aquello que hiciste y no aquello que dejaste de hacer, y también de aquellas acciones que modificaste por hábitos más saludables, más vitales, y no de aquellas acciones de las cuales te cohibiste.

¿Cuál es el punto de equilibrio? Cada uno lo define y para cada quien esto se convierte en una visualización que le acompañará durante los días largos y las noches donde todo es un caos, en apariencia. Recuerda que el caos es el constructor de la mayor armonía, así que si en este momento de tu vida solo ves deudas y horas laborales, o inversiones y plazos largos para obtener lo que deseas, este libro está pensado para acompañarte en el camino, para ser tu aliado, el despertador de los alebrijes, los animales coloridos que te habitan.

Piensa en lo que eras antes de tener horarios, dinero en tus bolsillos, o responsabilidades. Cuesta ¿no? Así mismo, cuesta aprender de nuestras emociones y reconectarnos con ellas, en una sociedad donde se nos ha educado para evitarlas. Los aprendizajes que hemos ido adquiriendo durante nuestra vida privilegian lo lógico por encima de lo creativo y por ello cuesta tanto conectarnos con nuestra capacidad creativa primera, esa que poblaba de juegos y objetivos vitales nuestros días de infancia.

No se trata de un deseo de volver al mundo paradisiaco de la infancia, se trata de reconocer que estamos habitados por sueños que son auténticos y que se presentan a nosotros no sólo por nuestra noción de "competencia" o la visión que nos han vendido de "el éxito", sino que se presentan por medio de nuestra sinergia más genuina, es decir, aquello que nos apasiona, que nos vibra en el alma, como cuando practicamos un deporte y esto nos saca sudor y risas, o cuando compartimos un abrazo y fluyen las lágrimas.

Este libro te permite reconectarte con la riqueza real que tenemos los seres humanos, y esto influirá posteriormente en la distribución de tus recursos materiales (aquellos que por más abundantes que sean siempre se presentarán en carencia en relación con lo que otros poseen), para satisfacer tus necesidades específicas y las de tu empresa. Siempre tendiendo al bienestar común.

Somos seres de necesidades y estas parten de lo más básico, como lo biológico (que para millones de personas en el mundo no está cubierto plenamente), lo psicológico (cada vez más visible, pero no menos complejo) y lo socio- cultural, que es la dimensión donde se producen todos los intercambios económicos y por tanto, las falencias financieras.

Las finanzas nos hablan de una balanza positiva, en la cual nos mantenemos en armonía con el tiempo que dedicamos a una actividad económica y las retribuciones que recibimos de ella (en este último aspecto resaltaremos la necesidad de reconocer las retribuciones no materiales). El balance general de nuestra vida financiera debe ir en sintonía con nuestra vida emocional y es así como llegaremos a un pleno desarrollo de nuestras capacidades más intrínsecas.

Capítulo 1: La gestión inteligente de las finanzas

Para iniciar, es necesario que seas muy sincero con tu estado financiero actual. Para ello llevaremos a cabo un ejercicio donde nos formularemos algunas preguntas básicas que podemos responder sobre el papel y con cifras tangibles para un ejercicio más juicioso; recuerda que puedes hacerlo a nivel personal o empresarial, pero estos ejercicios deben ir separados.

¿Qué conforma tus activos? Haz una lista sobre tus bienes o los de tu empresa (casas, infraestructura, vehículos, equipos tecnológicos, entre otros), añade en esta todos los recursos materiales y también los derechos de cobro por servicios prestados o productos vendidos, incluso si aún te los adeudan; pues de estos esperas obtener una retribución económica.

Ahora vamos a analizar, ¿qué integra tus pasivos? Aquí harás un recuento de tus deudas, obligaciones de pago, tarjetas de crédito. Con estos dos factores o listas podrás sacar la cuenta de tu patrimonio: resta tus activos de tus pasivos y el resultado será tu patrimonio.

Por último, la suma de los pasivos y el patrimonio debe igualar los activos, en este caso estarías financieramente equilibrado. Este pequeño ejercicio, que puede hacerse sin lujo de detalle para aquellos que no hemos estudiado finanzas, te mostrará si tu balance es armonioso.

Ahora bien, si te encuentras en desequilibrio financiero, te entregaremos cuatro poderosas estrategias para lograr su balance. Incluso si todo está en orden en este aspecto, estas pueden convertirse en hábitos que potenciarán tus virtudes financieras. En el próximo apartado hablaremos sobre cómo crear un plan de pago de deudas efectivo.

Para expandir o mejorar tus habilidades financieras el primer paso y el más necesario es hacerse con el hábito del ahorro. Es muy recomendable, (incluso si estás en una situación de alto endeudamiento y poca liquidez económica), que cada vez que recibas tu pago, destines un porcentaje que tú mismo definas para el ahorro. Este dinero no solo sirve para ir creando en ti el hábito de crear capital, sino que está disponible para enfrentar situaciones o imprevistos.

Estos ahorros son un factor estratégico para invertir, crecer económicamente y generar altos niveles de tranquilidad frente al riesgo, que siempre estará rondando nuestras vidas.

Una vez establezcamos este hábito tan saludable, es necesario tener una visión de crecimiento del capital por medio de inversiones bien pensadas y centradas. En un mercado tan dinámico como el actual hay que tener iniciativa para no estancarse. El miedo es poco probable en las generaciones contemporáneas, pero igual está presente a la hora de realizar las inversiones, para acallarlo solo debemos tomar decisiones informadas y estar en constante análisis del mercado, para mayor precisión podemos buscar asesoría financiera.

El segundo paso es invertir en conocimiento. El crecimiento económico tiene que ir ligado al intelectual si se desea generar un impacto real en tu vida. En esta táctica financiera se recomienda destinar un porcentaje de los ingresos en formación que te permita mantener tu perfil laboral actualizado y tu mente activa.

La capacitación como constante, sin importar en qué área, es un componente fundamental de crecimiento financiero. Cuando inviertes en educación estás apostando por grandes beneficios en todos los niveles de tu vida. Por otra parte, la actualización de conocimientos también puede desarrollarse de manera autodidacta. Puedes dedicar los momentos en que te movilizas a tu trabajo, o incluso parte de tus descansos laborales en aprender un nuevo idioma, o hacer una lectura constructiva para ti, que te ayudarán a ser la o el profesional que visualizas ser.

No se trata solo de aprender metodologías, estrategias y tecnologías, sino en que estas se encuentren relacionadas con aquello que está presente en tu proyecto de vida y lo que de manera apasionada y ferviente deseas ser. Así mismo, el aprendizaje sobre finanzas es fundamental para que puedas equilibrar tu dimensión económica y ajustar tu presupuesto para depurar del todos aquellos costos innecesarios en los que incurrimos por falta de planeación. El conocimiento te hará libre.

Al invertir en tu formación de manera consciente, tendrás muchas puertas abiertas para el crecimiento, para conseguir mejores opciones laborales y emprender o fortalecer tu propio plan de negocios.

El tercer paso se trata sobre ti mismo, es destinar una cantidad suficiente de recursos para generarte bienestar. No se trata de entretenimiento solamente, se trata de pensar y definir espacios de esparcimiento donde puedas expresarte plenamente, compartir con los tuyos, o crecer en algún aspecto.

Tal vez suelas actuar con poca moderación en este aspecto, porque la sociedad nos muestra ejemplos de "cómo liberarnos del estrés del trabajo", y nos entrega a un precio "asequible" soluciones que no terminan por trabajar en aquellos factores que verdaderamente generaron la tensión. Invertir en tu diversión no implica grandes cantidades de dinero, sino momentos donde puedas sentirte pleno y en compañía de los tuyos.

> Al invertir en tu formación de manera consciente, tendrás muchas puertas abiertas para el crecimiento

La sensación de la recompensa no debe delegarse a ropa u objetos que no generan una incidencia en nuestros activos, y que además no están estableciendo para nuestra salud mental asociaciones inmateriales e invaluables, que nos permiten por una parte ahorrar más y por otra estar en mayor bienestar. ¿Por qué? Porque aunque puedas endeudarte para pagar aquel costoso crucero, nadie te asegura que este te genere diversión, mientras que aquellas actividades elaboradas a nuestra medida, que han sido planeados con detalle y con coherencia pueden generarnos mayor bienestar.

Ahora bien, el cuarto paso tal vez nos cueste un poco más porque tiene que ver con el beneficio de todos: se trata de dedicar un porcentaje para ayudar a organizaciones no gubernamentales y obras sociales. En este paso haremos énfasis sobre el objetivo del mismo, el cual no es la caridad, es la búsqueda de establecer modelos económicos y financieros que se alejen de la competitividad y nos permitan ser privilegiados en un mundo donde millones de personas no tienen lo básico para vivir.

No obstante, es necesario que nuestros gastos fijos estén cubiertos y solventados a cabalidad para poder asignar un porcentaje a cada uno de los pasos propuestos en esta estrategia. Puedes hacer un mejor balance de tus gastos con aplicaciones gratuitas para hacer seguimiento de aquellos gastos de "caja menor", que se dan en el día a día, y así aprender en qué aspectos estás invirtiendo demasiado y buscar reducir en los mismos.

El aprendizaje financiero es fundamental para dar consistencia a nuestra balanza económica. Ajustar tu presupuesto para reducir los gastos que no son de primera necesidad y crear hábitos que te ayuden a estar preparado para lo imprevisto, te permite avanzar a otra esfera de acción donde el crecimiento se avista más cerca.

Así irás notando como dices cada vez menos "¡No sé qué hice con mi dinero!". Pues una vez esté solventado el problema de equilibrio, podemos empezar a pensar en nuevas metas financieras y trabajarlas desde lo más cotidiano, haciendo un énfasis en la necesidad de planificar y proyectarnos al futuro y hacia la independencia económica.

Si tu caso puntual, es el de emprender un nuevo negocio, has el ejercicio detallado de separar tus finanzas personales de las del mismo. En los próximos capítulos nos enfocaremos en el crecimiento del nuevo proyecto, el cual se debe complementar con el crecimiento personal para una mayor expansión de todas las habilidades financieras.

¡El plan efectivo de pago de tus deudas!

Se suele decir que uno de los métodos más potentes para pagar las deudas es empezar por la más pequeña e ir hasta la más grande. Este es el llamado método bola de nieve, pero aquí lo adaptamos teniendo en cuenta que las necesidades no son solo de carácter económico sino que existen muchas de otra índole que debemos cubrir de forma inmediata.

La idea es elaborar una lista de tus deudas. Para comenzar, debes preguntarte si tienes deudas que afecten el cubrimiento de tus necesidades básicas y de tu familia.

En primer lugar vamos a tomar nota de las deudas que afectan las necesidades básicas de nuestra familia, como el alquiler, los servicios públicos. En segundo lugar vamos a apuntar los préstamos más costosos, en los que la tasa de interés excede el 50% anual. Suelen ser préstamos a corto plazo, de los cuales la cantidad no es tan significativa pero sus intereses sí son altos. Verifica que estos no tengan cargos adicionales por pronto pago, para ello lee con detenimiento los acuerdos del préstamo.

Por último, ordenaremos las deudas restantes desde la de menor hasta la de mayor cantidad, sin importar la tasa de intereses que estas tengan. Puedes usar un cuadro con las siguientes columnas de izquierda a derecha: Numero (1, 2, 3), nombre de la deuda, cuota mínima mensual, interés anual, notas.

Lo siguiente es impulsar esta bola de nieve, y atacar una a una las deudas en el orden de prioridad que hemos establecido según necesidades y tasa de interés. El paso inicial será sobrepagar, es decir, llevar al máximo tu capacidad de pago para la primera deuda en los próximos doce meses, y pagar las cuotas mínimas en las otras deudas en tu lista. Para ello debes sumar el total de la columna "cuota mínima". Si quieres generar un mecanismo para el pago pronto de tus deudas debes superar esta cuota, aportando algo más a la primera deuda.

Los problemas y el estrés derivado de la acumulación de deudas vienen todos a raíz del interrogante ¿qué hacer si no me alcanza para pagar la cuota mínima? La solución suena demasiado sencilla, pero es de raíz: debes recortar tus gastos y/o aumentar tus ingresos.

Imagina que, gracias a la continuidad de tu trabajo y de tu esfuerzo alcanzas la cuota mínima total y además generas un excedente mensual, este será el dinero que debe ser asignado al pago de la primera deuda en tu lista. Así irás subiendo escalón por escalón y sentirás que te has deshecho de un gran peso, una vez derrotes la primera deuda. Una vez hayas cumplido tu propósito, toma el dinero que estabas direccionando al pago de esta deuda y utilízalo para sobrepagar la deuda número dos en la lista. Sigue pagando hasta que esta deuda también sea eliminada, y continúa aplicando la misma técnica con las deudas inferiores.

Aunque la realidad parezca compleja y te invadan momentos de duda, que estés cansado, con ganas de renunciar y de poder destinar tu dinero a gastos que anhelas hacer, recuerda no hay como la libertad de sentir que estás trabajando para erradicar tus deudas. Estos obstáculos estarán siempre allí, incluso cuando tengas plena libertad financiera, siempre estarás tentado a comprar más de lo que puedes permitirte, pero si eres fiel al método y evitas ir sumando deudas a medida que vas liberando la carga, entenderás por qué este método realmente funciona.

A continuación compartiremos algunos de los errores más comunes. Limitantes que no nos permiten tener plena libertad financiera y que nos llevan a un círculo sin fin de trabajar para asumir las altas tasas de intereses.

¿Qué pasa cuando alguien está endeudado? Por una parte quiere salir de ellas, quiere ser libre lo más pronto posible, es lo más obvio. No obstante, casi siempre los deudores caen en ciertas trampas, sin darse cuenta de que están cometiendo un error. Por ello a continuación te compartimos algunos de los más comunes, esperando que te brinden algo más de consciencia sobre los círculos inviables que vamos estableciendo en nuestras vidas.

1. Asumir una deuda para pagar otra.

Suele ser una forma común de afrontar altas tasas de intereses, no obstante, es como abrir un agujero en la tierra para tapar otro. Por ejemplo: usar el límite en una tarjeta de crédito para pagar en la otra. Suena muy obvio pero te asombrarías de saber cuántas personas toman esta elección creyendo encontrar una solución momentánea. Posponer el problema en el tiempo no genera un impacto real. Al hacerlo es fácil caer en un círculo vicioso del cual será muy complejo salir más adelante.

Lo que debes hacer, es tratar de cambiar la tasa de intereses. El problema es que cuando ya estamos endeudados se hace difícil negociar mejores condiciones en un nuevo préstamo. Es decir, las entidades bancarias tienen nuestra información a cabalidad, aunque con diferentes marcas en un mismo sistema. Entonces el primer consejo es nunca aumentar las deudas.

2. Poner las deudas por encima de la estabilidad familiar y personal.

Por supuesto, cuando nos sentimos asfixiados por las deudas lo que buscamos es dar unas brazadas fuera de esta agua turbia y salir de ellas. Pero como hemos descrito, en el orden, del método bola de nieve, primero debemos tener en cuenta nuestras necesidades básicas y las de la familia, pues allí radica nuestra estabilidad emocional y esta es uno de nuestros activos más fundamentales para poder gestionar de manera óptima el resto de las esferas de nuestra vida, tal como la económica.

> Estos obstáculos estarán siempre allí, incluso cuando tengas plena libertad financiera, siempre estarás tentado a comprar más de lo que puedes permitirte

Los gastos en comida, alquiler, medicamentos, mejoras para el hogar e incluso el fondo de emergencias deben estar establecidos en nuestros gastos mensuales, y deben ser priorizados. Recuerda que lo vital va primero que aquello que aunque funcional, es solamente un agregado y no debe robarnos la estabilidad emocional.

3. Pagar deudas sin planificación:

Si estás pensando en deshacerte de tus deudas de manera rápida y efectiva, este es un error al que estás muy susceptible, pues en tanto recibas tu pago lo primero que deseas hacer es abonar a la deuda sin fijarte donde realmente se necesita. Si tienes varios compromisos es necesario priorizar, no todos son igual de costosos ni de urgentes. Planificar es la parte más importante para salir de deudas.

4. Usar sin control la tarjeta de crédito:

Esta es una de las mayores razones de endeudamiento sin control alrededor del mundo. Puede sonar demasiado radical, pero es un gran paso para la estabilidad financiera: corta tus tarjetas de crédito, así dejarás de lado la tentación de usarlas y caer en nuevas deudas.
Si te suena demasiado definitivo lo que puedes hacer, es dejar tus tarjetas en casa, pues mientras las llevas contigo siempre estarás tentado a usarla y por tanto se hará mucho más fácil caer en el primer impulso.

5. Posponer pagos:

Digamos que la cuota es de cien dólares, y tú solo cuentas con cincuenta; así que decides no abonar este mes porque no vale la pena. Piensas que el próximo mes te pondrás al día… pero, ¿qué te hace pensar que si no tienes cien este mes, el próximo tendrás doscientos? Aunque tengamos algo planificado para generarnos ingresos o alguna deuda que han establecido cancelarnos durante ese lapso de tiempo, tenemos que crear el hábito de pagar mes a mes.

Además, generalmente el sistema bancario funciona de acuerdo a un monto específico a partir del cual pueden llevarte al proceso de cobranza, y si tú has pagado aunque sea una cuota a medias, estos cincuenta dólares de más podrían hacer la diferencia, darte más tiempo antes de ser considerado un deudor y entrar en un proceso aún más complejo. Evitarás un escenario peor.

6. No tener un control sobre el presupuesto:

Las personas que no planifican sus gastos suelen estar tranquilos hasta que se despiertan un día llenos de deudas y se preguntan cómo sucedió esto. La solución previa al problema es establecer un presupuesto para los gastos más significativos, como los gastos del hogar, alimentación, medicamentos, vestimenta y educación. Debe ser un presupuesto realista. También puedes usar el método de los sobres: pones en ellos el efectivo y haces cuatro por mes, pones en cada uno el dinero necesario para cada semana y sabes que no puedes gastar más de esto.

Por último, tenemos algunas recomendaciones que pueden ser de gran utilidad a la hora de gestionar tu emocionalidad en tiempos de grandes deudas y mucha inestabilidad financiera.

Si te escondes de tus acreedores los intereses seguirán creciendo y sin informar tu situación al banco o a las entidades financieras, las medidas que se aplican para los morosos serán puestas en marcha sin posibilidades de negociación. Lo mejor es buscar un acuerdo.

Por otra parte, durante el tiempo en que te encuentres luchando contra las deudas te recomendamos que no lo sacrifiques todo, pero no debes olvidar premiarte por tu esfuerzo. Mantenerte motivado es demasiado importante en este camino que estás emprendiendo, y como sabemos, los seres humanos funcionamos con estímulos, por lo que es significativo que no descartes completamente todos los placeres o incentivos que te puedes regalar.

El dinero no es para impresionar

Uno de los lugares comunes en el que caemos a la hora de determinar la forma en que gastamos nuestros ingresos es pensárnoslo poco y hacerlo impulsados por la emocionalidad, sin apelar a nuestro ámbito racional.

Cuando gastamos dinero para impresionar tal vez no estemos pensando directamente en "complacer a alguien más", y pueden ser gastos justificados en vestimenta, equipos tecnológicos de último modelo, o incluso una cena; pero lo que los hace parte de esta cadena esclavizante del "impresionar" es que estos están motivados por una necesidad de prestigio, de status social que está completamente arraigada y que poco nos cuestionamos.

Así que, debes partir por reconocer aquellos patrones de consumo que están basados en una externalización de tus necesidades; a saber, incluso en los víveres que son tan necesarios para nuestro sostenimiento, solemos acudir a ciertas marcas que bajo sus complejos planes de marketing nos han convencido, a nosotros, a nuestros amigos, o a un segmento de mercado que su producto nos hace únicos, carismáticos, o cualquier combinación de cualidades que deseamos proyectar. El mejor ejemplo de esto, son los comerciales de coches que están hechos cada vez menos para mostrarte las cualidades del motor, o los aspectos técnicos que te podrían llevar a decidirte racionalmente por este automóvil y por el contrario, se centran cada vez más en representar aquellos aspectos emocionales que traería ese auto.

La necesidad de vernos representados a partir de las cosas que compramos, es lo que hace que los patrones de consumo se vayan estableciendo en nuestro cerebro. Para desenmascararlos puedes hacer el siguiente ejercicio: observa en qué gastos, que no son de primera necesidad, destinas más tu dinero. Si son vestimenta, accesorios, cenas, equipos tecnológicos, ocio en general; has una lista de las marcas en las que sueles comprar más y luego pregúntate cuál es la relación costo- calidad por una parte, y por otra cuál es la relación costo- emoción; lo segundo puedes responderlo con una palabra acerca de aquello que te despierta el comprar allí. Este ejercicio te irá haciendo mucho más consciente sobre tus hábitos y sus raíces profundas.

Pues bien, sacude de ti aquellos hábitos donde el comprar se ha convertido en menester para figurar y resaltar tus atributos en un mundo donde por más personalizadas que sean tus elecciones, siempre tenderán a masificarse. Así que, la regla es buscar de la autenticidad y empezar a hacer incluso tus gastos de primera necesidad sin tener que depender de marcas o espejismos que se venden como oro.

Aprende de ti mismo y de las cosas que disfrutas de manera genuina. Si elegimos hoy comprar al pequeño productor de la esquina estamos haciendo una apuesta por lo autóctono y liberándonos de esa necesidad tan feroz que existe en la sociedad de figurar. Así que decídete por comprar local, tu bolsillo y tu emocionalidad te lo agradecerán.

Si te parece demasiado complejo dar el paso a todo ello, empieza por hacer algunas de tus compras en lugares sobre los que tú mismo te informes y con los cuales puedas sentirte libre de grandes impuestos y en relación más directa con los productores. Este es un hábito que además de saludable puede generar mucho beneficio para la economía e impulsarla. Entonces, no se trata de pensar de manera individual para no impresionar, sino todo lo contrario, estimular los círculos más pequeños de producción y tu capacidad para liberarte de gastos innecesarios.

Establece prioridades financieras

En los anteriores apartados hemos hablado sobre la necesidad de planificación en la vida financiera. Tener las prioridades financieras ordenadas está en estrecha relación con ordenar tus ingresos y egresos.

La gestión de tus finanzas se cimienta a partir de las decisiones que tomas día a día, sea de manera consciente o no. Cuando las finanzas están saludables significa que estamos tomando decisiones conscientes del direccionamiento que estamos dando a nuestros ingresos. Para ello la mejor técnica es establecer prioridades financieras, que a su vez ayudan a trazar metas y tiempos para hacerse a ellas.

La importancia de tener prioridades financieras esclarecidas, es la misma que la de tener un manejo óptimo del dinero, focalizándose en lo que de verdad aporta un valor para tu vida profesional y personal. Algunas de las pautas que debes tener en mente a la hora de comenzar con esta transformación en tu forma de gestionar las finanzas pueden ser:

1. Definir y ordenar tus necesidades y gustos

Conocer las prioridades financieras se trata sobre conocerte a ti mismo. ¿Cuáles son tus gustos? ¿Cuáles son tus necesidades? En la medida en que comiences a responderte estas preguntas de manera sincera podrás estar más razonable frente a tu proceder. Es decir, tendrás una visión general de cuáles son tus patrones de consumo y así satisfacer, en primer lugar tus necesidades y más adelante, tus gustos.

2. Evaluar tus gastos

Cuando ya tienes una buena delimitación de cuáles son tus necesidades y cuáles son tus gustos te enfrentarás a una etapa donde debes analizar cada uno de estos componentes. Dándoles, según tu juicio personal, el nivel de importancia que cada uno tiene.

En esta parte puedes cometer errores, pues no es necesario ser un contador para estar en constante gestión de tu ámbito financiero. Evaluar tus gastos, entonces, quiere decir que le das una importancia y un peso a cada uno de tus gastos. Si bien, todos son importantes, debes establecer una jerarquía donde comprendas cuál es el rol que cada uno de estos gastos está desempeñando en la satisfacción de tus necesidades.

3. Implementa el cambio

Una vez has identificado y asignado un orden a tus necesidades y gustos; que además, hayas analizado tus gastos, entras en la fase que más voluntad y exigencia requiere. Empezar a implementar los cambios hace que sea necesario que integres tu presupuesto y un registro continuo de tus gastos. A medida que implementes este registro estarás más capacitado para transformar aquellas áreas donde se incurre en gastos críticos, lo que quiere decir, que ahora estás en la capacidad de evaluar si tus prioridades financieras son óptimas y puedas tomar decisiones de priorización, minimización de gastos, entre otros.

¡Invierte ya! Pero, antes... piensa bien

Las inversiones son una de las mejores maneras de poner nuestro dinero a trabajar y, que no pierda valor con el tiempo, pero antes de enfrentarnos a ellas por primera vez debemos entender cuál es nuestra relación con el riesgo, pues este es uno de los factores que más se dificulta para emprender. Las generaciones contemporáneas somos un poco más dadas al riesgo, disfrutamos los cambios y preferimos la inversión en vez del ahorro. No obstante, (y esto deberíamos aprenderlo de las generaciones previas) invertir no puede ser una decisión inmediata, que se hace en tanto te cuentan sobre cierta moneda digital, o aquella acción que está en crecimiento.

Invertir es una forma positiva de acercarnos a nuestros objetivos financieros, pero debe ser una elección meditada y definida a partir de nuestro perfil de consumo y objetivos financieros. Debe llevarse a cabo con una actitud de responsabilidad, analizando toda la información relativa no solo al sistema de inversiones al que vamos a acceder, sino también al área específica.

> Las inversiones son una de las mejores maneras de poner nuestro dinero a trabajar y, que no pierda valor con el tiempo,

Por eso, en este apartado necesitamos partir de tu perfil de inversor para guiar tus decisiones. Esto te servirá de ayuda para encontrar productos financieros que se acoplen a tus necesidades y gustos.

Debes tomar todo el tiempo necesario antes de tomar una elección definitiva. Cuando compramos bienes que tienen defectos o accedemos a servicios que no cumplen con nuestras expectativas y necesidades, siempre tendremos la posibilidad de devolverlo; todo lo contrario sucede con los productos financieros. Siempre es mejor pensarse las cosas con calma, así podrás medir todo en términos riesgo-rentabilidad.

Hemos comenzado este apartado hablando sobre el riesgo y, es que este es definitivo a la hora de invertir. La incertidumbre sobre lo que podemos obtener está fuertemente arraigada a cualquier inversión, por lo que debemos centrarnos en mirar en qué medida (en algunas inversiones es más fácil pronosticar el rendimiento). La expectativa que tenemos sobre la rentabilidad va trabajando de manera paralela a este riesgo: a mayor rentabilidad esperada, mayor riesgo.

Por tanto, allí donde se cimientan los riesgos es donde debes entrar a definir ¿cuál es tu propio perfil de inversor? Una vez hayas determinado tu situación financiera vigente (esto lo hemos logrado en los primeros apartados de este capítulo) debes plantear tus metas concisas, es decir, cuáles son tus objetivos financieros, por ejemplo: ahorrar cinco mil dólares en tres años para hacer mi maestría en el exterior. Recuerda, es necesario plantearlo en términos de tiempo, dinero y finalidad.

Una vez definido ello es necesario preguntarse ¿cuál es el nivel de riesgo que soy capaz de asumir en la inversión? Aquí debes pensar en tu capacidad económica, definir un margen en el que estuvieses dispuesto a perder, y por otra parte pensar cuáles son tus fortalezas, tus debilidades, en otras palabras, tu forma de ser cuando estás en riesgo.

Sabemos de la complejidad para comprender los mercados y su variabilidad, por ello lo primero que debes plantearte es un asesoramiento profesional, esto facilitará la definición de tu perfil de inversión y te ayudará a orientar mejor tus capacidades financieras. Además, el asesor puede orientarte en el seguimiento que es necesario hacer, una vez que hayas invertido.

Recuerda que las inversiones ayudan a crecer nuestro patrimonio para tener un retiro con mejores condiciones económicas, a asegurar el bienestar de nuestra familia y alcanzar nuestras metas.

Consejos que te ayudaran al momento de invertir

Como venimos hablando, es necesario que seas muy concreto y sincero sobre tu capacidad para sumir el riesgo (tanto económica como emocionalmente), pero este no es el único factor que debes tener en cuenta a la hora de invertir.

Asegúrate, antes de adquirir cualquier producto de inversión, que has elegido un intermediario autorizado, una entidad que esté regulada y que cumpla con toda la normativa vigente. Por otra parte, elegir el producto adecuado se hará más fácil si comprendes algunas variables del mercado que constantemente son informadas a través de medios de comunicación.

Sabemos que no siempre está la disposición para acudir a un profesional, y que difícilmente llegaremos a conocer a cabalidad todos los aspectos técnicos de un producto, pero sí debes tener en cuenta algunos temas de importancia en este contexto, y a continuación los explicamos de manera breve.

¿Qué rendimiento esperas? El rendimiento es la ganancia esperada a cambio de la inversión, normalmente es dada bajo un porcentaje sobre el monto inicial invertido.

¿Existen formas de reducir el riesgo de una inversión? ¡Claro que sí! Se podría hablar sobre diversificación. Esto implica "no poner todos tus huevos en un solo canasto", es decir, debes invertir en más de un instrumento, así disminuyes el riesgo en caso de que en una inversión no te vaya bien.

> ¿Existen formas de reducir el riesgo de una inversión? ¡Claro que sí! Se podría hablar sobre diversificación.

¿Qué son los instrumentos de inversión? Son el medio a través del cual se llevan a cabo las inversiones. Existen instrumentos de renta fija, esto quiere decir que se conoce con certeza cuál será la rentabilidad al finalizar el plazo y son de muy bajo riesgo ya que en teoría hay una institución que les respalda. Por otro lado, están los instrumentos de renta variable, es decir que no se conoce cuál será su rendimiento a futuro, por ejemplo: acciones de empresas, fondos de inversión e intercambio de divisas.

¿Cuál es el plazo en que tendré mi dinero de vuelta? Para cada producto hay un plazo determinado. Invertir a largo plazo normalmente reduce el riesgo y aumenta el rendimiento. Es muy importante que tomes en cuenta el plazo, pues debes estar consciente de tu necesidad de efectivo. Por ejemplo, si planeas pagar el viaje de las próximas vacaciones con el dinero que generes de la inversión, probablemente lo que deseas es algo a corto plazo para poder tenerlo de vuelta justo antes de realizar el viaje.

Por último te recomendamos que una vez realizada la inversión pongas el mismo interés en hacerle seguimiento que cuando hiciste la elección. Cada inversión requerirá de cierto grado de seguimiento. Esta es una regla común a todos: cuanto mayor sea el capital en inversión, mayor vigilancia. No es necesario mirar las cifras de la bolsa a diario para controlarlo, pues si hemos, por ejemplo, realizado una inversión a largo plazo, será inestable para nuestra emocionalidad que nos obsesionemos con la variabilidad diaria de estas. Además, esto podría llevarnos a caer en la toma de decisiones abruptas, influidas por la emocionalidad.

Todos los extremos son negativos, hay personas que se obsesionan, hay otras que no hacen ningún tipo de seguimiento, es por ello que, te recomendamos realizar revisiones planeadas, mínimo cada seis meses y revisiones extraordinarias cuando ocurran situaciones como un acercamiento a la fecha de vencimiento que tienen algunos productos, un cambio imprevisto en su situación financiera o un cambio abrupto en el mercado como cambios en los tipos de interés, cambios políticos, económicos y otras situaciones de carácter estructural.

Recuerda que los intermediarios están en el deber de entregarte información periódica donde esté detallado cada valor y producto financiero del que seas titular. Así sabrás a ciencia cierta cuánto has ganado o perdido y podrás tomar decisiones informadas. Por ello, antes de decidirte por esta o aquella entidad debes identificar bien las comisiones involucradas y la forma en que te cobrarán, por lo tanto, lee bien el contrato y asegúrate que no tengan comisiones escondidas.

Y nuevamente, asesórate porque es imposible conocer a cabalidad cada uno de los instrumentos de inversión que existen, la forma en que funcionan y qué los afecta. Si decides asesorarte con un profesional, no solo debes tener en cuenta su experticia en el tema, sino también sus habilidades para conocer y evaluar tus objetivos, necesidades, y perfil de inversor.

Capítulo 2: ¿Las emociones afectan las finanzas?

Una vez puesto nuestro dinero a trabajar, necesitamos fortalecer nuestra emocionalidad para que esta también juegue a favor de nosotros. Entonces entraremos en una fase de investigación y aprendizaje de nuestras emociones que nos permita conducir con mayor sentido y coherencia nuestra vida. La sociedad en la que vivimos nos conduce a través de ilusiones publicitarias y esto genera que muchas veces deleguemos nuestras virtudes a esta o aquella causa que está en tendencia.

Cuando tratamos de persuadir a alguien sobre nuestros talentos y cualidades, entramos en una lógica de "venta" en la que pretendemos llevar a otros a nuestro territorio. Esto sucede en el momento cuando queremos conseguir un nuevo trabajo, una relación o un beneficio social. No obstante, hemos trabajado cada vez menos en entender quiénes somos y qué queremos, para luego fijarnos formas de actuar y metas predeterminas por lo que es "el éxito" para la sociedad, o los temas que son comúnmente aceptados.

Estas convenciones y hostilidades han hecho que asociemos el éxito como un factor que no puede ser gestionado por todos los seres humanos, sino que depende de "suerte" o facultades con las que se nace. El resto debemos vivir conformes, trabajando un número extenso de horas diarias, y esperando recibir como recompensa lo básico para sustentarnos.

En esa ruleta de aciertos y desaciertos, es apenas lógico que, del otro lado, se genere una adicción al riesgo y a la adrenalina. Porque así como algunos estamos en constante trueque de nuestro tiempo vital por dinero; hay quienes tienen tiempo para jugar con las variables del mercado, ejercer su profesión y tener tiempo libre; pero no necesariamente son estas personas las más estables a nivel emocional. Como vemos son más propensos al riesgo y actividades que generen otro significado en sus vidas.

> El resto debemos vivir conformes, trabajando un número extenso de horas diarias, y esperando recibir como recompensa lo básico para sustentarnos.

La educación de nuestros sentimientos siempre será un camino arduo y nuestro avance en este, depende de entendernos como seres únicos, en el dejar de encasillarnos en este o aquella personalidad. Asignamos una sola característica a las personas, y eso hacemos con nosotros mismos " somos tímidos o extrovertidos, generosos o envidiosos, depresivos o alegres, optimistas o pesimistas, cariñosos o fríos". Pero esta serie de asociaciones nos llevan a establecer lugares comunes para la solución de nuestros problemas, que son poco o nada efectivos.

La orientación de nuestro carácter, si bien tiene un componente que se origina en nuestra familia, tiene que ver mucho más con nuestro crecimiento personal y el cómo decidimos encauzar nuestra energía. Por ejemplo, los seres receptivos siempre se rigen por lo que están en búsqueda (ya sea conocimiento, amor, placer). Sus búsquedas están centradas en el recibir y son perfectamente capaces de regirse por el estado actual de las cosas.

Así mismo, hay quienes están siempre en movimiento, como el mercado mismo, y su personalidad es tan fluctuante como las condiciones de este, seres que son lo que tienen y que se muestran a sí mismos como un producto que debe venderse al mejor postor. Su identidad se va constituyendo a partir de las opiniones de otros, y esto representa un gran riesgo pues para estos seres es particularmente difícil llegar a una estabilidad emocional.

Esquivar los obstáculos suele ser más sencillo, cuando sabemos de su existencia, por esta razón a haremos un recuento de las trampas emocionales que se presentan en el camino del crecimiento financiero, no obstante, recuerda que cada persona es un universo y tus condiciones particulares definirán cuáles son tus potencialidades y dificultades.

El miedo irracional a la pérdida y al cambio

El miedo es una de las emociones más enlazadas a nuestra condición humana. Esta emoción está relacionada con nuestro cerebro más instintivo (el tronco encefálico y el cerebelo). El miedo nos permite sobrevivir en condiciones de peligro y por ello nos alerta sobre estas. Esta virtud fue muy útil para la evolución de nuestra condición humana, pero actualmente hay otros tipos de peligros, que se arraigan más a nuestras funciones de razonamiento. Y que en ocasiones cuando hay algo desconocido en vez de permitirnos evolucionar nos frenan.

En este caso, cuando tenemos una vida fuera de los peligros de la caza y de las amenazas naturales contra las que nos hemos blindado con años de desarrollo, el miedo se ha arraigado a nuestro ámbito neurótico, es decir, se basa en los constructos mentales comunes a todos y a nuestros riesgos sociales más allá de las amenazas reales. Este temor está arraigado a la memoria de lo que somos como especie. Y actualmente está mediando incluso en la toma de decisiones financieras.

Por otro lado, sucede que nuestra mente comienza a funcionar en tiempo condicional "lo que podría suceder" y no en lo que está sucediendo aquí y ahora. Es sabido que los seres humanos sufrimos por situaciones que jamás sucederán o que no se darán de la manera en que pensamos. Este temor hace que vivamos limitándonos a nosotros mismos y alejándonos de aquella riqueza que subyace en lo desconocido.

La mayoría de los seres humanos vivimos normalizando nuestro temor a lo que vendrá. Hablamos todo el tiempo sobre lo que podría pasar si… Y tememos a enfrentar situaciones sorpresivas por miedo a no poderlas solventar. Esto ocurre por la formación que hemos tenido en nuestras vidas, y es aquí donde entra la importancia de educar nuestras emociones, (tal y como hablábamos en el último apartado) o simplemente deseducarnos para soltar aquellos aprendizajes negativos que han instaurado el reino del temor como una constante y un estado de cosas normal en nuestras vidas.

Este miedo es en su mayor parte aprendido. El niño, cuando empieza a caminar, posee el instinto de explorar y de realizar continuamente tareas diferentes para descubrir el mundo que le rodea. Es decir, cuando empezaste a explorar el mundo en tu infancia, los adultos se encargaron de advertirte frente al peligro, e irte permeando de un montón de temores que a su vez fueron arraigados en la crianza de ellos. Así mismo, los juicios de valor que se establecieron en tu adolescencia sobre aquello que era necesario para ser exitoso o no, se van materializando y van creando tu propia realidad profesional, encasillándote y predeterminando tus facultades y necesidades, cerrando tus opciones laborales. Ya el niño astronauta no podrá ir a la luna porque le han dicho que eso no genera ingresos. Y esta manera vamos creando nuestra zona de confort.

La frase: zona de confort, se ha definido como un área en la que estamos en conocimiento y control de todo o casi todo, lo cual permite al cerebro funcionar de manera automática. Por supuesto es más seguro conducir por un lugar plenamente conocido, pero qué si hay un mayor beneficio por aquella zona que temes transitar. Por ejemplo, temes renunciar a tu trabajo aunque no te genera satisfacción, porque te brinda los ingresos necesarios para pagar las deudas. Puedes estar perdiendo oportunidades laborales de gran valor mientras inviertes tu tiempo en algo que no te genera tranquilidad emocional.

Pues bien, para anular el temor a la pérdida, debes enfrentarte carea a cara con tu zona de confort. Entonces la primera necesidad, es soltar aquello que nos es conocido y también aquellos hilos de pensamiento que arraigan el temor. Vas a ser más consciente de tus pensamientos, no darles rienda suelta, y tratar de reemplazarlos poco a poco con pensamientos positivos que enruten tus capacidades hacia nuevos terrenos fértiles para tus objetivos.

La única forma de descubrir nuevos conocimientos y habilidades es abandonando el temor a perder. Temor que está tan relacionado con nuestras viejas posesiones, cosas que luchamos por mantener incluso a costa de nuestro bienestar. La única manera de expandir este campo de acción es tomar elecciones que lejos de lo impulsivo, estén planeadas con el fin de fortalecerte más y de probarte tus fortalezas por primera vez a ti mismo, sin importar lo exterior.

Esta última recomendación puede sonar demasiado utópica o arriesgada, pero se puede empezar con un pequeño paso cada día. Hacer algo que te saque de tu zona de confort, algo que te asuste o te incomode; como correr una hora o postularte a un diplomado. Incluso hoy puede ser el día propicio para que empieces a planear tu primera inversión. La técnica está en pasar del mundo de la teoría a la acción. Da un primer paso, has algo arriesgado hoy.

Canaliza la adicción a la adrenalina del riesgo

Del otro lado del temor, están las personas que no tienen moderación alguna. Y se sienten atraídos por los riesgos, cosa que es apenas lógica, pues la adrenalina mueve a cientos de personas alrededor del globo terráqueo. Deportes extremos, apuestas, e inversiones desmedidas, entre otras situaciones que llevan al límite y, que encajan perfectamente en esta suerte de euforia que se apodera de la mente y se convierte en nociva.

Cuando nos enfrentamos a sucesos relacionados con el nerviosismo, el estrés o la excitación, las glándulas encargadas de secretar esta sustancia a su vez estimulan el sistema cardio-circulatorio. Es como la sensación después de montar en una montaña rusa: tus pupilas están más dilatas, tu cerebro te envía señales placenteras. Pues la producción de la sustancia encargada de hacernos "sentir adrenalina" a su vez trabaja en estimular indirectamente otras hormonas, para darnos sensación de bienestar.

Las maneras de llegar a ser adicto a la adrenalina son múltiples. Dentro de estas diversas formas, la interrelación es que llevan al cerebro a buscar constantemente los límites de lo que consideramos como imposible. No solo en las atracciones extremas o en los deportes experimentamos esta sensación, también la tenemos al gastar más dinero del que estamos ganando, o al comprar desmedidamente, pues sabemos que estamos haciendo cosas que nuestra lógica concibe como prohibidas, pero aun así nos mantenemos en ellas porque el riesgo genera todas estas sensaciones que describimos anteriormente.

Por otra parte, la llamada "ludopatía bursátil" lleva a personas con alta tolerancia al riesgo y capital a jugarse constantemente su dinero en la bolsa de valores. Fieles seguidores de las pantallas con cotizaciones, no son conscientes de su problema pues están dopados por la marea de sensaciones positivas que acarrea la adrenalina, incluso cuando se embarcan en un riesgo mayor al que su capital puede soportar. Además gastan un dinero desmedido en comisiones y suelen ser demasiados confiados en su intuición.

Otra forma común de hacernos al riesgo es dejar todo para el último momento: posponer el pago de las facturas, procrastinar las diligencias económicas. Esto nos hace sentir rebeldes y mantiene a nuestro sistema nervioso produciendo sustancias que nos alejan de los razonamientos concisos que deberíamos llevar a cabo para transformar este estado de cosas.

¿Cómo saber que somos adictos al riesgo? Una manera de saberlo es cuando observamos que la cotidianidad no nos basta para obtener placer y siempre buscamos de la euforia desmedida para estar motivados. Otro modo es cuando uno está constantemente buscando adrenalina para alejarse del momento presente y se sumerge en la complacencia de sus propios deseos de consumo o en sus hábitos económicos de alto riesgo. Es sabido que estas acciones influye directamente en el deterioro de las relaciones interpersonales y en el ámbito laboral donde nos veremos perjudicados por nuestro rendimiento no óptimo.

Según la psicología tradicional, cuando se es adicto a alguna sustancia, se está intentando llenar un vacío interno. Así, mediante esa inyección de energía extra se calma tal necesidad. Pero esta calma es superficial y momentánea. La dependencia de la adrenalina va en aumento y al final, el adicto necesita de su secreción constantemente.

Cuando estamos llenos de deudas nuestra vida se convierte en una montaña rusa que nos lleva a no tener certeza sobre nuestro futuro financiero. Estas actitudes son el resultado de no confrontar nuestras frustraciones, como aquella de "no ganar un salario más alto", o "no estar satisfecho en el ámbito emocional". Pero la solución para "sentirse más vivo" no es comprar más. El primer paso para resolverlo es admitir que nos gusta la sensación y que es nociva, luego lo más recomendable es acudir con un especialista que nos ayude a establecer nuevos y saludables hábitos en nuestras vidas.

Ahora bien, ¿cómo prevenir la adicción a la adrenalina? Lo más conveniente es poder trabajar sobre nuestras emociones intensas, tratar de encauzar su energía hacia la creatividad. Podría ser, dedicar unos minutos para pintar o para escribir, actividades que pueden ser subvaloradas para una sociedad que va a toda marcha, pero que pueden representar grandes beneficios para nuestro ser interior.

Así que, la próxima vez que te sientas excitado frente a una inversión, tómate el tiempo necesario para encauzar esa energía, pinta algo, escribe unos párrafos sobre cómo te sientes y, luego verás con mayor claridad si esto es lo que deseas de verdad, si está en concordancia con tus proyectos a largo plazo, y luego sí: a la acción.

El caro placer del corto plazo

Cuando tomamos la decisión de planificar nuestra vida financiera y emocional a largo plazo, nos estamos emancipando de la obsesión por los resultados, y a la vez trabajando de manera más directa en ellos. Si bien, suele ser muy placentero obtener la rentabilidad de nuestras inversiones y las retribuciones de nuestras construcciones emocionales cuanto antes, esto suele tener un peso contundente en nuestro desarrollo.

Si se quiere lograr la libertad financiera que todos los seres humanos anhelamos, es necesario ahorrar siempre que se pueda. Quienes desde temprana edad establecemos una cultura del ahorro para nuestras vidas, es posible que se llegue a una etapa de madurez donde existe una renta fija que aporta en gran medida a nuestro control del tiempo.

En el ámbito económico las ventajas de invertir a largo plazo son múltiples. Para ello, no requerimos de una gran investigación, ni tampoco dependemos de un constante seguimiento; pero si estamos seguro de que producen mayores ganancias. El factor tiempo tiene una importancia definitiva en la creación de capital, y en la madurez emocional. Cuanto más extenso sea el plazo de la inversión más rendimiento generará, y cuantos más años pasemos en comunicación y aprendizaje de nosotros mismos más se nos facilitará la inteligencia emocional.

> Si se quiere lograr la libertad financiera que todos los seres humanos anhelamos, es necesario ahorrar siempre que se pueda.

Construir riqueza, como hemos hablado durante el primer capítulo, no es solo un proceso material, sino una meta en la que inciden directamente nuestras emociones. Soñamos con alcanzar la libertad financiera, diversificar nuestras fuentes de ingreso y tener plenitud para disfrutar de nuestro tiempo con emociones saludables; sin embargo, ¿qué hace que algunos estemos más cerca de hacer nuestras metas realidad? ¿Qué diferencia, a las personas que pueden alcanzar estos sueños de las que no?

La respuesta es simple: la diferencia radica en la perspectiva que tienen sobre el dinero, los que logran sus sueños son los que lo ponen a trabajar a largo plazo. La razón es porque a corto plazo las fluctuaciones en los instrumentos de inversión hacen que la rentabilidad no sea tan alta. Las inversiones actuales tienen que trabajar a mayor plazo para generar un mayor impacto. Aunque cabe resaltar, que no siempre se consiguen las retribuciones que se plantearon al principio, mientras las pérdidas no sean significativas (tal y como hemos explicado en el apartado dedicado a ayudarte a emprender inversiones) no habrá un problema.

Por otra parte, cuando estamos planeando nuestra vida a corto plazo nos perdemos de la perspectiva que nos brinda el trabajo en el tiempo, la misma que posibilita hacernos a un retiro digno. Para esta sociedad, hay un sinnúmero de necesidades que permiten una mayor demanda de bienes y servicios en el mercado pero a la vez dificultan el crecimiento de nuestro capital. Debemos controlar estos "pequeños placeres" que se van convirtiendo en grandes rubros que marcan la diferencia a lo largo del tiempo.

Si bien es necesario darnos ciertos gustos que funcionen como "motivación" para continuar con el trabajo y las labores que debemos ejecutar, estos no deben ser excesivos, deben estar siempre en el margen de lo que nuestros ingresos nos posibiliten. Las personas que no tienen su inteligencia emocional plenamente desarrollada suelen no tener visión a largo plazo y por ello da protagonismo a las acciones que dan placer en el ahora, porque según ellos "es necesario vivir al máximo", y todo esto a costa del porvenir.

Un ejemplo muy claro es el endeudarse con unas tasas de interés poco razonables para obtener un viaje e incluso puede ser tan simple como usar la tarjeta de crédito para cenar en un restaurant, incrementando cada vez más los costos y los egresos a largo plazo. Convirtiéndose en un círculo interminable de placer sin costo ahora pero con grandes consecuencias en un futuro no muy lejano.

Por ello, céntrate en lo que tienes hoy, tu empleo, tus posibilidades de crecimiento, y analízalas mirando más allá de lo mensual. Recuerda que, que lo contrario nos lleva a estar encadenados al disfrute solo para los fines de semana, o cuando obtengamos determinadas comisiones o ganancias extras, y no estamos pensando en que somos nuestra potencialidad y nuestra capacidad de crecimiento. No lo olvides, abraza esto como tu verdad y trabaja con pasión para lograr aquello que te has trazado.

El estatus y los gastos superfluos

Nuestra sociedad determina el status de acuerdo a las marcas que consumimos, para ella es tan relevante el consumir, tanto que si no hacemos gastos superfluos, no formamos parte de un sistema de "recompensas sociales", con el cual obtenemos una imagen más exitosa, mayores amistades y prestigio social. Bajo esta lógica pesa más lo que se muestra a los demás que lo que en realidad somos.

Error demasiado común que cometemos incluso al comprar los víveres. Es difícil de identificarlo porque la publicidad ha enlazado tanto las facultades del producto con este sistema de estatus. Tanto que se premia o castiga a quienes consumen o no determinas marcas, además, se nos hace complejo pensar que estamos comprando basados en nuestra emocionalidad.

Una apuesta significativa sería eliminar los gastos innecesarios y ahorrar, optando por marcas que aunque de menor presencia en el mercado siguen conservando la calidad, pues nos ayudaría a transformar hábitos nocivos para nuestro equilibrio financiero y económico.

Pero ¿cómo saber cuáles son estos gastos innecesarios? Trata de cambiar todas las marcas de tu canasta familiar por un mes, esto también implica cambiar de supermercado, y en lo posible, comprar local. Trata de suprimir, también durante un mes, las reuniones sociales, fiestas y gastos en regalos. ¿De cuánto son tus excedentes? ¡El ejercicio puede sorprenderte gratamente!

De seguro que, los próximos meses serás más consciente de estos gastos pues lo que buscamos no es suprimirlos completamente sino administrarlos de una forma menos emocional y más racional. Empezarás a notar cómo tienes más dinero disponible para invertir o para gastar en educación, o incluso en ocio, pero en actividades que de verdad agreguen valor.

Las situaciones que no agregan valor a nuestras vidas se caracterizan por su alto precio monetario y su baja retribución emocional e intelectual. Son aquellos ambientes que se han creado para promover la competitividad, tal como una fiesta donde se observa sesgadamente quién da el mejor regalo, y pocos o ninguno son los espacios pensados en el compartir y el crecer de manera conjunta. También sucede esto con las navidades y otras fiestas. Así que elimina de ti esta visión de los grandes regalos y empieza a crear verdaderos momentos de interacción.

El consejo no es anular los regalos, sino hacerlos más beneficiosos tanto para tu bolsillo como para la persona que los recibe. Cuando un niño, por ejemplo, recibe la última consola de juegos, le estás privando de jugar en el parque, de canjear sonrisas, y de imaginar juegos y actividades. Recuerda que más valioso que ello puede ser un libro, un elemento que le motive a hacer actividad física, o incluso el tiempo de calidad que le brindes.

Se nos olvida el valor de los pequeños detalles y es porque estamos inmersos en un mundo que nos mide constantemente y nos lleva a una carrera de la que solo sale ganador quien más gastó. Se nos olvida que quien más gasta es quien menos creatividad tiene, y que el valor de los buenos momentos, la calidad de las cosas que consumimos, o de lo humanos que somos no está reflejado en un precio.

Si estamos buscando crecer en status, probablemente estemos descuidando áreas que son realmente importantes para poder cubrir los gastos que semejante búsqueda acarrea. Pregúntate en los probadores de tiendas ¿Necesito yo realmente esto? ¿Usaré varias veces esta prenda? Lo mismo con los elementos tecnológicos, piensa en las especificaciones técnicas con la mayor racionalidad posible, y deja de regirte por las marcas.

El ego y el estilo de vida

Infinidad de veces elegimos para nuestras vidas cosas que no nos generan los resultados esperados, en dichos momentos es cuando empezamos a preguntarnos hasta cuándo podemos sostener este estilo de vida y las consecuencias que acarrean nuestras decisiones. Lo más común es que no renunciemos a lo que estamos acostumbrados porque nuestro ego nos dice que esta elección nos ha costado tiempo y/o dinero.

El ego nos atrapa en su trampa porque tenemos toda la carga del pasado con nosotros y nos asusta admitir que nos hemos equivocado en una inversión o en un negocio, por ejemplo. Para esto la solución es el enfoque. Si analizamos con visión clara el hoy, tendremos nuestra emocionalidad limpia para decidir sobre el futuro.

La inteligencia emocional es un punto fundamental para la toma de decisiones financieras. Cuando nos enfrentamos al estrés nuestro sistema nervioso tiende a cerrarse a las posibilidades y a tomar decisiones que no son óptimas ni beneficiosas, generando resultados inesperados e impredecibles.

Por ejemplo, hemos decidido no volver a usar la tarjeta de crédito, pero en un impulso recordamos que hace dos meses terminamos de pagarla, rápidamente hacemos una asociación permisiva que nos da "la licencia" para olvidarnos de nuestros propósitos inicial y gastar. Por otra parte, está el recuerdo de heridas pasadas que te encerrará en el círculo de la escasez (esto lo profundizaremos en el capítulo 5).

La felicidad ilusoria

¿Quién no ha consumido un poco más para sentirse menos solo? Vamos tras una expectativa que nunca termina por cumplirse a cabalidad, pues no terminamos de disfrutar de lo que tenemos, hacemos y somos, para proyectar nuestra realidad a lo que tendremos haremos o seremos. Cuando menor sea la diferencia entre esto que soñamos y lo que somos, mayor será la felicidad. Pero esta brecha no se subsana con cosas o servicios.

No es más feliz quien pasa vacaciones en un hotel cinco estrellas, aunque los anuncios de las agencias de turismo quieran pintárnoslo así. Cuando nos conectamos con nuestras emociones de manera abierta desarrollamos una relación mucho más sana con el dinero, en la cual podemos identificar las motivaciones intrínsecas del ahorrar, del invertir e incluso del gastar.

> Vamos maquillando con filtros de aplicaciones lo que desde la emocionalidad no hemos podido gestionar

Equilibrar lo que somos para que no nos afecten las visiones externas que a manera de oasis se presentan, es clave para empezar a ser felices de manera genuina, y no con las formas superfluas de las redes, donde aquellos momentos de valor se convierten en objetos de escrutinio público.

Vamos maquillando con filtros de aplicaciones lo que desde la emocionalidad no hemos podido gestionar. Y nos sentimos tan poco merecedores de una felicidad real que necesitamos llenarnos con cosas para hacerla más tangible. No hay cosa tal como unos parámetros de felicidad aceptados por todos, sino que esta es un constructo que hace cada ser con los elementos que toma de su cultura y las posibilidades que va alcanzando en su existencia.

Recuerda que la felicidad es invaluable y que tras el flujo de videos de mujeres y hombres felices en redes sociales, hay (en múltiples ocasiones) vidas emocionales pobres y finanzas poco saludables.

Capítulo 3: Aprovecha las habilidades de tu inteligencia emocional

Este capítulo está diseñado para ayudarte a regular tus emociones disfuncionales, aquellas trampas de las que hablamos en el anterior. Aquí encontrarás algunos factores claves para identificar tus sentimientos y tu dinero y de esta manera aprender a gestionarlo de una forma más integral. Recuerda que eres el CEO de tu propia vida, y debes actuar conforme a esta verdad.

Estas habilidades son la mezcla entre la capacidad que tenemos para conocernos a nosotros mismos y las de reconocer nuestra emocionalidad, nuestras fortalezas, nuestras debilidades; que además ocurre mientras desarrollamos una relación mucho más saludable con las finanzas, administrándolas de manera tal que estas sean aliadas a la hora de alcanzar el estilo de vida que deseamos, en armonía con quienes realmente somos. Así que empieza por definir ¿qué te apasiona de verdad?

Cabe destacar que, cuando la ciencia ha buscado una explicación sobre el papel privilegiado que la evolución le ha dado a las emociones en la mente humana, lo más común es que se resalte la predominancia del corazón sobre la cabeza en aquellos instantes donde las grandes decisiones y acciones deben ser tomadas. Son las emociones las que nos posibilitan sobreponernos a situaciones complejas como los riesgos, las pérdidas que no tienen vuelta atrás, la resiliencia para no tirar la toalla cuando vamos tras un objetivo, la convivencia en familia, entre otras situaciones que no pueden ser resueltas únicamente con la razón.

Cada una de nuestras emociones nos lleva a estadios diferentes de la acción, pues cada una de ellas nos orienta y dibuja un camino que aunque sea diferente de acuerdo a la construcción de nuestro carácter, se relaciona en nuestra historia como especie en el hecho de que nos ha permitido llegar hasta el día de hoy. Y esa información emocional la hemos ido cargando generación tras generación, como una mochila donde están los elementos necesarios para sobrevivir. Las emociones han terminado por hacer parte integral de nuestro sistema nervioso y han formado en nosotros mecanismos innatos a los que llamamos "corazón" o a los que sentimos como intuición cuando estamos en situaciones que nos ponen a prueba.

Cualquier visión de la naturaleza humana que haga de lado el papel de las emociones en nuestro desarrollo, estará eludiendo algo fundamental. Todos estamos adecuados a la experiencia de tomar decisiones y sabemos que aunque estas tengan o traten de estar guiadas por un alto componente de razonamiento, siempre estarán permeadas por las emociones. Estas nos desbordan y nos llevan a situaciones que no tienen reversa o a momentos de verdad donde comprendemos quién es el otro.

Para lo positivo o para lo negativo, nuestras emociones están allí y si pretendemos suprimirlas o ignorarlas estaremos incurriendo en grandes problemas para la salud de nuestra psique. Hay que entender lo que somos como el resultado de lo que fueron nuestros ancestros, porque en ellos está el desarrollo de la mente humana, pero también de nuestros progenitores y de todo lo que nos han transmitido desde el vientre. Aunque sintamos que esto es cuestión olvidada, en realidad es tan vigente como el sonido que acabas de escuchar mientras leías estas líneas.

¿Alguna vez te has preguntado cómo fue tu gestación? ¿Alguna vez tuviste la oportunidad de hablar sobre esto? Algunos maestros de medicina no tradicional hablan del potencial que tiene la información en el vientre y la forma en que fuimos concebidos. Si en el vientre nuestra madre sufrió o se sintió en depresión, esto nos ha configurado de una forma más sensible hacia esta emoción y puede explicar muchas de las dolencias que nos aquejan físicamente.

Por eso, para dejar de acarrear con esta información y poder construir nuevos patrones de emociones, y hacernos más saludables tanto en lo físico como en lo mental, es importante que dejemos de ignorar nuestro potencial emocional y que lo tomemos como una oportunidad para conocernos a nosotros mismos y transformarnos desde la raíz. Por ello, la primera habilidad que trabajaremos será la consciencia que se tiene de sí mismo.

Tener conciencia de sí mismo

Es de gran importancia que seamos protagonistas de nuestra propia vida. Si nuestra consciencia siempre está puesta en figuras públicas o agentes externos, difícilmente lograremos llegar a un pleno desarrollo de nuestras capacidades.

Cuando aprendemos sobre nuestro ser interior estamos más capacitados para predecir nuestras reacciones y saber qué es lo que nos hace sentir inestables, transformando las situaciones que no resultan de aporte para nuestro desarrollo, las cuales generaran muchos beneficios en el ámbito personal y laboral.

Desarrollamos una conexión entre el conocimiento y las facultades financieras cuando aprendemos a gestionar de manera adecuada todas nuestras emociones. En lo corporal se habla de la propiocepción como la capacidad de detectar y reconocer los movimientos de nuestro cuerpo, pero si llevamos esto al ámbito de la emocionalidad cuando buscamos evaluarla y llevar un registro de nuestras emociones para poder entender nuestro comportamiento e ir teniendo mayor control de este.

La gente que tiene episodios de intensas emociones bajo las cuales actúa y hace cosas que hubiese preferido no hacer ni decir, está siempre tratando de dar marcha atrás a las consecuencias de estas decisiones, pero como sabemos esto no siempre es tan sencillo y, las heridas emocionales tardan mucho más en cicatrizar que las físicas.

Cuando hemos trabajado en desarrollar conciencia de nuestro ser interior, sabemos que cada palabra, que cada acto sienta un precedente y que al igual que la maleza que crece entre la tierra fértil, las acciones que no generan bienestar crecen en abundancia e incluso sin semilla, esta metáfora para hablar de aquellos patrones de comportamiento que sin ser algo que hayamos afirmado de manera consciente para nuestra vida, van floreciendo alrededor de nuestro cultivo, y de allí la importancia de desherbar cada tanto, de trabajar sobre nuestro terreno, la consciencia.

Desarrollar el autocontrol

Esta virtud nos habla sobre el balance ideal entre nuestras emociones más "reactivas", y en las prácticas proactivas para su regulación y expresión asertiva. La impulsividad y la agresividad son muy destructivas para nuestras vidas, y debemos aprender a controlarlas si deseamos poner en orden muchos de los aspectos que nos generan conflictividad y altos niveles de frustración en nuestras vidas.

Manejar nuestro comportamiento emocional trabaja directamente en la moderación de otros aspectos de nuestra vida. Todas nuestras emociones son necesarias, incluso aquellas que se han clasificado como negativas. Solo es necesario aplicar una dosis de inteligencia sobre todas nuestras emociones, para que podamos sacar de ellas lo mejor posible.

La falta de autocontrol está relacionada con la poca tolerancia a la frustración. Si siempre emprendemos un proyecto con la expectativa de obtener resultados rápidos y definitivos estamos incurriendo en un error de fondo porque debemos prever lo que puede salir negativo. Aun cuando existe infinidad de estudios que hablan sobre la necesidad de programar nuestra mente para pensar y por tanto atraer lo positivo, el autocontrol nos lleva a la necesidad de prever el peor de los escenarios a fin de corregirlo sobre marcha y en realidad trabajar efectivamente para atraer aquellas cosas que deseamos.

Se ha demostrado que los seres humanos que han desarrollado un nivel de autocontrol elevado suelen obtener mayor éxito, esto debido a la incidencia de la emocionalidad a la hora de tomar decisiones, que a larga son las que orientan nuestros impulsos y comportamientos, creando hábitos que transforman nuestras vidas.

El conflicto empieza cuando deseamos algo y este deseo se establece a plazo "inmediato"; nos estresamos y nos enfrentamos a una alta carga emocional que hace más difícil gestionar paso a paso lo que estamos sintien

> Se ha demostrado que los seres humanos que han desarrollado un nivel de autocontrol elevado suelen obtener mayor éxito

Por ejemplo, del enojo podrías aprender cuáles son aquellas situaciones que no te hacen sentir a gusto, y empezar a trabajar en construir espacios de tranquilidad y a entablar relaciones más sanas donde puedas establecer barreras entre lo personal y laboral. En el próximo capítulo hablaremos más sobre este tipo de detonantes y cómo puedes trabajarlos para hacer de tu vida un escenario mucho más ameno.

Una vez estés en control pleno de tus emociones, estarás en la capacidad de comprender qué te ocurre en cada momento, para de esta manera ordenar tus planes y acciones, consecuentemente. Las repercusiones físicas que dejan algunas de las emociones más intensas son tan negativas que aunque no quisiéramos estar mentalmente equilibrados, necesitamos de los beneficios físicos de esto.

El autocontrol es, entonces, una habilidad con altos niveles de complejidad, y por tanto debe ser trabajada de la mano de otras habilidades como la autoconciencia y la identificación de nuestras emociones. Una vez la desarrolles podrás ser plenamente responsable y dueño de tus decisiones, conductas y pulsiones, aprendiendo cómo canalizarlas de manera efectiva. Esta virtud también puede potenciarse en situaciones de alta carga y estrés, generando altos beneficios para quienes la orientan hacia la solución de problemas.

No obstante, es fundamental comprender la diferencia que existe entre autocontrol y represión. Como hemos venido hablando, el primero habla sobre la conciencia para la acción, es un mecanismo que nos permite conectarnos a un nivel más profundo con nuestras emociones sin importar si su naturaleza es positiva o negativa. Por otra parte, la represión va ocultando nuestras emociones o dándoles una menor importancia, pensando que de esta manera desaparecerán y obteniendo como resultado una mayor presencia de estas con el paso de los días.

A continuación haremos una lista de estrategias y con el concepto previo que te hemos brindado, te retamos a que las clasifiques como "estrategia de autocontrol" o " estrategia de represión" (Al final de los párrafos están las respuestas).

Estás teniendo un día difícil en el trabajo, la respuesta de los clientes es baja y hay un problema que debe ser solucionado pronto. De repente alguien entra a tu oficina y te dice que no has hecho nada para gestionar la situación problema. Tienes un montón de papeles en la mano, fruto de lo que has estado gestionando. Estás sintiendo ira y piensas que quieres tirarle los papeles en la cara a esa persona pero no puedes hacer eso en este instante y debes controlarte, para ello puedes tomar dos opciones

Estrategia 1: Apretar los puños, hacer a un lado los papeles y pensar " ¡menudo idiota!". Decides no lanzar los papeles pero en tanto se va la persona decides no seguir aportando a la solución del problema.

Estrategia 2: Tomas aire, sabes que estás sintiendo ira, entonces intentas generar una emoción opuesta a través de recuerdos tranquilos, cuando se reduce la intensidad de la emoción le dices a la persona en qué has estado trabajando y le muestras los papeles.

(Estrategia 1: represión. Estrategia 2: autocontrol)

En definitiva, es abismal la diferencia entre la represión y el autocontrol. No se trata de no solo dejarse llevar por los impulsos, sino de aprender a gestionarlos. Si una emoción como la ira se queda dentro de nosotros, esta se apoderará de nuestros pensamientos y acciones, generándonos un estado de ánimo constantemente irritable y dificultándonos trascender al logro de otras metas.

Estas situaciones nos pueden suceder a diario en el ámbito laboral, y también en el familiar. Somos seres sociales y siempre será completamente normal que nos enfrentemos a estas emociones, pero debemos aprender a canalizarlas. Es como la tristeza que se queda como huésped en nosotros, aquella de la que poco o nada hablamos mientras pretendemos tener una vida normal, ¿es esta negatividad con la que queremos compartir y pasar nuestros días? Podemos transformarla en una excelente conversación, e incluso en arte (un pequeño escrito, una pintura que exprese lo que sentimos).

Del autocontrol de las emociones negativas han surgido una cantidad innumerable de grandes artistas, pero si seguimos negando nuestras emociones no llegaremos ni a la expresión plena de nuestro rol como pareja, madres o padres. Por eso nuestro deseo es mostrarte algunos de los pasos claves que te ayudarán a mejorar en este aspecto, que no requiere el esfuerzo de un solo día sino el cultivo paciente de quien no espera la cosecha, pero cuida su semilla.

1. Identifica tus emociones

En muchas ocasiones, el conflicto se centra en que no somos conscientes de los resultados que obtenemos al no manejar nuestras emociones, o simplemente ignorar que aunque nuestro carácter sea "tranquilo" debemos canalizar aquellos sentires que nos alejan del logro de nuestros objetivos. Con ello, nos arriesgamos a que el timón de nuestras vidas sea dirigido por emociones, de las cuales hemos estudiado poco o nada pero, que influyen directamente en nuestra calidad de vida.

El primer gran paso es identificar nuestras emociones, por lo cual aquí haremos un breve recuento de cuáles son. Las emociones universales son la alegría, la ira, el miedo, el asco, la tristeza y la sorpresa; casi la mayoría de los seres humanos podemos identificarlas sin problema alguno, pues estas suelen tener manifestaciones muy físicas y cotidianas en nosotros. Ejemplo de esto es cuando estamos felices nuestro cerebro segrega químicos que nos generan una sensación de bienestar en todo el cuerpo.

Por otra parte, las emociones secundarias suelen ser más complejas de asociar, pues estas se generan a partir de la combinación de varias de las emociones universales descritas con anterioridad. Por ejemplo, la ansiedad se da cuando el temor y la culpa se combinan. Si sabemos que estamos experimentando esta emoción nos será más fácil crear nuevos pensamientos que nos ayuden a regularnos y a trasmutar lo sentido para superar de manera exitosa la situación. A continuación una técnica que facilitará la identificación de tus emociones.

> **Las emociones universales son la alegría, la ira, el miedo, el asco, la tristeza y la sorpresa**

Cuando estés en un escenario que te produzca una emoción que sea particularmente difícil de controlar para ti, después de haber estallado o reprimido la sensación lo que harás es responder a las siguientes preguntas. ¿Qué le produce a mi cuerpo esa emoción?, ¿qué pensamientos han venido durante ese momento? ¿Cómo me he sobrepuesto a la situación? ¿Cuál sería el nombre de esa emoción? ¿Por qué surgió ella? Suena muy dispendioso, pero puede ser solo una frase para cada pregunta e incluso algunas palabras claves que van a resultar muy efectivas en nuestro proceso de canalización

Todo esto resulta muy efectivo a la hora de tomar decisiones financieras.

Es necesario que dejemos de lado, aquellos impulsos o chispas de adrenalina que nos llevan a precipitarnos. Debemos aprender a ser calculadores y racionales frente a los asuntos económicos, enfocándonos en los beneficios y los aspectos negativos que pueden derivar de nuestra forma de administrar el dinero.

La Motivación intrínseca a nuestro servicio

Este es un factor clave para la potenciación de quienes realmente somos. La necesidad o el deseo que aviva y direcciona nuestro comportamiento, debe a su vez ser alimentado para que nuestras fortalezas lo puedan usar como móvil.

La motivación parte entonces de una necesidad de moldear nuestra conducta para alcanzar una meta, para ello debemos contar con la energía suficiente y orientarla con constancia para que se obtengan mayores resultados.

La motivación se constituye a partir de todos los factores capaces de dinamizar, promover, mantener y direccionar nuestra conducta. No obstante, los elementos que más la constituyen son la forma en que nos sentimos emocionalmente y cómo gestionamos estos sentires para que unidos a nuestra racionalidad generen los mejores resultados.

Cuando comprendemos en qué aspectos de nuestra vida necesitamos orientar con mayor énfasis nuestra energía, nos acercamos más a la esencia de la motivación, pues ésta siempre provendrá de una fuente interna que actúe en coherencia con el contexto y no de fuera hacia dentro. Por ello decidimos titular este apartado como motivación intrínseca porque debemos entender que el motor se debe activar desde nuestras pasiones.

Una persona motivada va más allá de las labores que le han impuesto, es propositiva tanto en lo laboral como en su vida misma, donde no le basta con trabajar y ocupar su tiempo de ocio, sino que siempre está buscando moldear su mente y cuerpo para ser la mejor versión de sí mismo/a. Es necesario que esta motivación nos acompañe incluso en los momentos de emocionalidades caóticas, que esté presente como una guía y un objetivo superior a todas las metas, pues estas últimas varían de acuerdo a nuestros aprendizajes, oportunidades, amenazas. Pero la motivación debe ser una constante que se establezca como estilo de vida.

El experimentar la motivación nos lleva a la autorrealización que es aquella experiencia clara de quienes somos, y este estado no es algo que uno pueda conseguir, sino que se trata de una consciencia que se encuentra a través de la conexión con nuestros anhelos intrínsecos.

La vida es un cambio continuo, es un flujo en constante movimiento, hay que ser felices con esta permanencia. Y permanecer firmes en aquello que deseamos, pero sin pretender controlar cada cosa. La paz que se anhela para decidir, para vivir con éxito, se consigue soltando el control, dejando ir, viviendo el desapego.

Un estado en el que sabes que nada en el mundo exterior, ni nadie puede llenarte los vacíos interiores y por tanto, dejas de desear algo diferente a lo que es. De allí surge la motivación más auténtica; de lo que nos libera y no de los deseos que nos encarcelan. Si vamos soltando nuestras metas para que como pájaros desplieguen sus alas en el cielo, vamos entendiendo la vida de una forma diferente.

La vida en su estado natural de disfrute es como un baile donde no tenemos un objetivo concreto. Cuando logramos movernos a partir de lo que nos apasiona, ya no tenemos obligaciones ni deberes, ni complicados cursos sobre autodisciplina, sino que nuestros días se van dando de manera orgánica, en el cumplimento natural de lo que somos, de nuestra misión. De forma fluida se anulan las obligaciones.

Somos testigos de lo que sucede, de nuestra abundancia, de nuestra emocionalidad sana, permitimos que la vida circule a través de nosotros, que somos canales. Cuando aceptamos todo lo que sucede sin oponer resistencia, vamos entendiendo mejor nuestra misión: porque todo sucede tal y como debería ser.

La empatía nuestra aliada en las relaciones interpersonales

Es la capacidad que tenemos de conectarnos con otros y comprenderles a fondo. Suele ser un arte, que se desarrolla posterior al autoconocimiento pues si no podemos tener una relación sana y equilibrada con nosotros mismos, mucho menos podremos tener una comprensión de otros seres.

Tener empatía, implica ponerse en la piel del otro, ser capaz de leer en sus emociones, y tratar de comprender lo que pasa en su psique pero a partir de su propia perspectiva, es decir, a partir de sus creencias, sus cualidades. Es validar los sentires del otro, asignarles un acontecer lógico a partir de las situaciones que ha vivido esa persona, aunque nosotros en su situación pudiéramos tener otros.

Cada ser humano le ha asignado cierta relevancia a sus propias emociones y vivencias de acuerdo a su experiencia misma y, si entendemos esto en cada ser, podremos comprender que la empatía no puede ser una virtud que se desarrolle de forma individual sino que se potencia a partir del diálogo con el otro y la otra.

Cuando juzgamos y hacemos comentarios sobre otras personas y sus vidas basándonos en lo que hemos vivido en primera persona, estamos siendo poco empáticos. Y los bajos niveles de empatía pueden generarnos problemas a la hora de desarrollar trabajos en equipo y construir una sana convivencia en todos los ámbitos de nuestra vida.

Las situaciones en que la empatía puede ser nuestra mejor aliada son aquellas, en las que la emocionalidad les juega una mala pasada a nuestros compañeros, amigos o familiares y necesitamos proveer estabilidad a nuestro contexto. Si tenemos una capacidad de escucha altamente desarrollada nos será mucho más sencillo comprender al otro.

Se trata de permitir al otro expresarse plenamente y, seguir el hilo conductor al final sin dejarnos interrumpir por nuestros propios pensamientos y sus fluctuaciones.

El grado de empatía que somos capaces de alcanzar lo definen las experiencias que construimos en nuestra infancia sobre el acompañamiento y la forma en que nos ayudaron a canalizar nuestras emociones intensas. Pero siendo adultos también podemos trabajar en el autoconocimiento y posteriormente en la empatía.

Una vez logramos identificar el estado de ánimo en que se encuentran otras personas, si somos lo suficientemente empáticos tomaremos medidas para ayudarles a gestionar sus sentires. La empatía no será una reacción automática en nosotros, sino que se forjará a partir de nuestra disposición para comprender y ayudar al otro.

Las primeras concepciones de la empatía distinguían los factores instintivos (los más relacionados con el afecto y el cariño) y los cognitivos (aquellos que hemos predeterminado bajo un ejercicio racional). Como reacción emocional, se ha demostrado, que es una acción alimentada por nuestra decisión racional de comprender al otro y analizarlo, no solo es una forma reactiva propulsada por nuestro afecto.

Por ende, lograr ser empáticos en nuestro contexto representa en sí, una apuesta intelectual por estudiar la naturaleza de los sentimientos de los demás y sobre todo en situaciones de contingencia. Los factores que influyen durante una situación dada son múltiples, por tanto, cuando nos los comunica solo alcanzamos a percibir solo una parte de ellos, lo que hay bajo la superficie aparente es como el 90% del iceberg, y si somos lo suficientemente astutos como para bucear tendremos más éxito en nuestra lectura del otro.

Desde un enfoque de reacción, a veces respondemos con mayor facilidad a las emociones que en los otros nos recuerdan más a nuestros propios estados de ánimo, pero esto no nos hace más empáticos, pues la empatía se sitúa desde el lugar de enunciación del otro y trabaja sobre lo que no es común para nosotros, pero que al tratarse de algo que afecta a nuestro entorno debemos aprender a gestionar.

La empatía puede ser aprendida y enseñada, se trata de fortalecer las virtudes del acompañamiento y muchas veces, dejar de lado nuestro ego para permitirnos ir más allá de lo aparente. En cuanto a su aplicación, la empatía traerá beneficios para quien la fortalece cuando es puesta en práctica, incluso con aquellos seres que no nos resultan tan afines pero que sí pueden requerir de nuestro apoyo en determinada situación.

La técnica para ser más empáticos va ligada a los siguientes factores: punto de vista, el cual habla sobre buscar una lógica a la emocionalidad de los otros (buscar el por qué, preguntarnos por la intensidad, y por las posibles soluciones para canalizar las emociones generadas por determinada situación). Por otra parte, aumenta nuestra capacidad de imaginación porque estamos representándonos a los demás como personajes y estamos acercándonos, de esta forma, más directamente a su situación particular. Por último hay una comprensión empática de la que surgen sentimientos de afecto que se orientan al otro a manera de acciones para ayudarle.

Cuando logramos cultivar esta virtud para nuestras vidas estamos, de manera indirecta, generando frutos para los momentos en que más necesitemos de redes de apoyo para gestionar nuestras emociones más intensas. Incluso, si somos seres muy autónomos y estables siempre habrá personas que tengan un mejor conocimiento en ciertas áreas de la vida, y que puedan aportarnos sobre su experiencia.

La empatía es un puente que nos permite materializar muchos de los deseos de transformación que habitan en nosotros, o en otros, porque es a partir de esta que se tejen redes de apoyo y equipos de trabajo de alto impacto. Se van gestando, entonces, tejidos fuertes que nos permiten tener conversaciones profundas y procesos de comunicación que nos generan mayor estabilidad en todos los niveles.

La importancia de las relaciones sociales en nuestro ámbito laboral y personal

Somos seres netamente sociales. Cuando las relaciones que vamos tejiendo se forman a partir de lo que somos y no de lo que tenemos hay un fortalecimiento del ser y del hacer. El relacionamiento es clave para poder lograr nuestros objetivos, pero no debe ser entendido como un servirnos de las personas, sino un constante cultivar y entregar de nosotros para que esto pueda expandirse y cosecharse.

Las personas que se muestran centradas en transformar patrones nocivos de relacionamiento, no suelen hablar sobre otros de manera negativa y siempre tienen algo que entregar en sus conversaciones: como un consejo, una frase motivadora o un fragmento del último libro que están leyendo.

Transformar tus pautas para el relacionamiento social es aceptar que en la vida tanto como en lo laboral, lo intelectual y lo técnico no son lo único que cuenta para definir quién es exitoso y quién no. Somos en tanto aprendemos a ponernos en la piel de otros humanos, y este principio es tan cierto que hasta influye en la creación de empresas y productos, pues sabemos que hoy en día los procesos de creación de estos, se basan en dar solución a problemas reales de seres reales.

Las relaciones sociales no sólo deben ser tomadas en cuenta a manera de "estatus social" o como una excelente manera de pasar nuestros momentos de ocio o para las reuniones de trabajo. Las relaciones sociales deben ser tan expansivas y saludables que se establezcan con esta consciencia desde el ámbito familiar, y con cada persona que nos crucemos durante nuestro día, así sean desconocidos. Esta noción y percepción influirá demasiado en la retroalimentación que tengamos del mundo.

Si comienzas el día ignorando a quien te mira a los ojos, o eludiendo a las personas que habitan la calle, tendrás una actitud cerrada hacia el mundo, la cual influirá en los negocios, ventas o percepciones que tus líderes puedan forjar sobre ti. Incluso cuando estamos en un proceso de selección el relacionamiento cuenta no sólo desde la entrevista, sino desde el momento mismo en que pusiste un pie sobre la compañía, ¿saludaste a quien está encargado/a del aseo? Esto es importante porque está comprobado que aspectos como este se toman en cuenta a la hora de evaluarte.

Una vez formamos parte de una compañía, las relaciones interpersonales se van estableciendo a partir de la cultura organizacional que reine allí, esto es, a partir de códigos de conducta que pueden ser implícitos o explícitos y que ayudan a generar contextos más productivos y efectivos.

Además, es ampliamente conocido que al interior de la organización existen diversos grupos poblacionales y que esta diversidad se puede tomar como una oportunidad para establecer relaciones excelentes con comunidades, colectivos y grupos poblacionales que de otra manera no hubiésemos conocido en nuestra cotidianidad.

En el mundo laboral, las relaciones interpersonales no solo nos hacen sentir parte activa de un grupo de profesionales que se desempeñan en áreas afines a nosotros, sino que nos permiten conocer humanos de diversos caracteres, mentalidades, culturas ; y nos retan a comunicarnos con todos de manera asertiva, fortaleciendo así nuestras habilidades de comunicación.

Cuando más allá de la cultura deseada, las relaciones interpersonales de una compañía se establecen a partir de un marco de respeto y colaboración, estas se convierten en pilar para la sinergia, la cual es un esfuerzo conjunto para el desarrollo de una tarea compleja, buscando siempre su logro exitoso.

La sinergia es como el esfuerzo que hacen los músculos para cargar un peso determinado. Aunque cada músculo tenga sus particularidades, se pone al servicio de esta actividad y por ello es que se logra cargar y trasladar el peso. Entonces, esta cualidad nos enseña que aunque el fortalecimiento de cada músculo, es decir, lo que somos, es importante; pero aquella visión tan subjetiva de poco o nada vale si el todo no es mayor a la suma de las partes.

De esta forma, las relaciones que vamos estableciendo en el ámbito laboral son un elemento determinante para el éxito de las organizaciones en el mercado, y de nosotros mismos, para proyectarnos en lo laboral. Por ejemplo, si tu formación profesional es lo que más pesa de ti, esfuérzate por conseguir equilibrarlo con tu lado humano, pero si lo único que pesa de ti es tu capacidad económica, esfuérzate el doble por establecer relaciones sinérgicas y empáticas con todos en tu contexto más cercano y en los sitios donde unas excelentes relaciones pueden ser desde la llave a un nuevo empleo hasta la entrada a un negocio con un inversor internacional.

De allí que, sea necesario trabajar por fortalecer las aptitudes que pueden generar vínculos más estables, procurando siempre que el tiempo que invertimos en el trabajo no sea en vano, y todo lo contrario, construyamos entornos de crecimiento conjunto. A continuación algunas prácticas constructivas para establecer relaciones exitosas.

Trabaja en la escucha: Incluso cuando tus compañeros de trabajo te comunican algo que no está relacionado directamente con las actividades laborales, es posible que acudan a ti para confiar algo de su vida personal, o de sus preocupaciones. Trata de escucharlos atentamente, y apoyarles en la medida que sea posible. En ocasiones, es complejo invertir de nuestro tiempo laboral para compartir conversaciones de alto valor emocional. No obstante, siempre podremos brindar un poco de nuestro tiempo personal, un café. Durante la charla trata de interrumpir el flujo de pensamientos en ti, ve a la persona sin prejuicios, y sigue el hilo de su discurso hasta el final. Solo al final debes intervenir, incluso si no estás muy seguro de cómo aconsejar, este tiempo que estás brindándole a tu compañero o compañera es de gran impacto y beneficio mutuo.

Esfuérzate por conocer a las personas: Todos los vínculos de valor se basan en el conocimiento. Todos tus colegas merecen que mínimamente sepas sus nombres, (esto aplica incluso para los trabajadores de servicios varios o limpieza). Es importante que a medida que vayas relacionándote con ellos, aprendas no solo información sobre sus vidas, sino que apuntes mentalmente factores relacionados con su personali-

> Si tu formación profesional es lo que más pesa de ti, esfuérzate por conseguir equilibrarlo con tu lado humano

dad y emocionalidad, y de esta manera te será más fácil prever sus reacciones a ciertas situaciones problemáticas.

Valora también, aquellos espacios que son destinados a la cohesión y a la construcción en equipo. Ellos serán los mejores maestros sobre relacionamiento. Además, brinda lo mejor de ti en esos escenarios, tendrás una imagen más positiva por proyectar.

Haz a un lado tus prejuicios: Una de las mayores razones por la que se dan los malos entendidos y las relaciones interpersonales son los prejuicios que nos hacemos de los otros, y la forma en cómo proyectamos ello y lo difundimos. Incluso si no tenemos una percepción sobre alguien, pero la difundimos estamos contribuyendo a formar una mala imagen tanto de aquella persona como de nosotros mismos, estamos generando ruido.

Por otra parte, cuando nos comunicamos con otras personas sin prejuicio alguno hay una mejor respuesta de ellos hacia nosotros, y podemos entenderles de manera más clara, lejos de los ruidos de los rumores y las falsas percepciones.

Aumenta tu inteligencia laboral

En lo que respecta al ambiente laboral, es necesario implementar nuestras capacidades para que nuestro desempeño siempre vaya en aumento, en vez de quedarnos en una zona segura. Cuando entendemos que es necesario estar siempre en constante mejora estamos aplicando las herramientas de la inteligencia laboral para obtener mayor estabilidad.

Esta va ligada no solo a las funciones que desempeñamos, sino a las relaciones que vamos consolidando a medida que avanzamos en nuestro trabajo. Las relaciones interpersonales exitosas son aquellas que no solo nos ayudan a crecer en lo que respecta a lo laboral, sino también como seres humanos.

Las personas que se acoplan a los diversos temperamentos y situaciones que pueden generarse de manera abrupta, son más tolerantes a la frustración, responde con mayor resiliencia ante la presión y llegan a tener mayor éxito en su trabajo.

Es importante desarrollar al máximo nuestra capacidad de análisis y observación tanto de las personas como de las instituciones financieras, pues esto contribuye a mantenernos actualizados. Si puedes estar formándote constantemente, esta será una virtud que las buenas compañías sabrán valorar y retribuirte asignándote funciones más afines a tus áreas de acción y conocimientos.

Por tanto, la inteligencia laboral no se encuentra solo en el desempeño de las funciones que nos han encargado de manera óptima, o en la manera en que generamos nuestros vínculos laborales, sino también en la visión que tenemos de nuestro proyecto de vida y como las acciones que estamos llevando a cabo actualmente contribuyen al alcance de este.

¿Si te gusta tanto, por qué no lo haces todos los días? El tiempo, será la respuesta para muchos, pero cuántas veces detrás de este se camuflan nuestros temores a salir de la zona segura y a enfrentarnos a aspectos de nosotros mismos que no hemos explorado. Así que, tanto nuestra parte intelectual como la emocional deben trabajar unidas para llevarnos a potenciar al máximo nuestra profesión, a alinearla a nuestra motivación y hacerla más orgánica para nuestro proyecto de vida.

Desarrolla tu inteligencia emocional

Incrementar la inteligencia emocional es una de las tareas más complejos a las que podemos enfrentarnos como seres humanos. No existe un método milagroso para lograrlo, pero si existen algunas recomendaciones que acompañadas de un esfuerzo continuo pueden dar frutos en el tiempo. A continuación te entregaremos alguna de las medidas que pueden aportar para obtener una mayor estabilidad emocional y por ende, mejorar la inteligencia en este aspecto.

En primer lugar es necesario ir al detalle en nuestra salud física, pues un cuerpo sano engendra una mente sana. Si no tenemos los hábitos adecuados de alimentación y ejercicio nuestra mente será más sensible a los vaivenes de las emociones.

Muchas personas suelen excusarse con que tienen una carga laboral muy extensa y un estilo de vida que no les deja tiempo para ejercitarse, pero en realidad el ejercicio genera más disposición al trabajo, mejora los niveles de concentración y genera una sensación de bienestar total en quienes lo practican rutinariamente.

Algunos de los beneficios que trae a la mente el ejercicio son: Libera sustancias asociadas con la felicidad, los estudios han comprobado que incluso puede prevenir y combatir síntomas asociados a la depresión. Reduce el estrés generado por la carga laboral y otros factores similares, pues produce un químico que estabiliza las respuestas del cerebro frente al estrés.

Además, previene los problemas asociados con la pérdida de memoria y trabaja directamente en la mejora de esta, pues fortalece la habilidad de aprender cosas nuevas, incrementando la producción de células.

Por otra parte, mejora las relaciones sociales pues influye directamente en la autoestima y estas dos están completamente ligadas. Cuanto más te quieras a ti mismo, mejores vínculos establecerás con otros. Así que empieza hoy a mejorar tu calidad de vida, trabajando desde lo físico.

Además del ejercicio, es necesario realizar actividades diarias de relajación. Estas pueden variar para cada persona de acuerdo a sus necesidades subjetivas, pero lo ideal es que estas se realicen al comenzar el día y al finalizar el mismo, tomándose unos segundos para encender una vela, poner algo de música, luego sentado en una posición cómoda empiezas a visualizar el punto de luz en tu frente, a sentir el flujo de tu respiración ascender desde el abdomen hacia el tórax y pecho; y descender igualmente: abdomen, tórax y pecho. Esto se hace durante unos cinco minutos en los que si vienen pensamientos no los bloqueamos, sino que los observamos sin interés y los dejamos ir.

En las mañanas, esta pequeña meditación puede ir acompañada por algunas palabras clave que guíen nuestro propósito del día. Y en las noches por un agradecimiento referente a lo que vivimos. Cuando vivimos una situación de tensión en el transcurso del día, lo que hacemos es tomarnos unos segundos para respirar completamente (tal y como en el ejercicio), y notaremos un cambio que aunque mínimo puede establecer una diferencia enorme entre la forma en que habríamos reaccionado sin respirar.

Por otra parte, pensar antes de llevar a cabo las acciones es fundamental para no dar rienda suelta a los impulsos que pueden traer repercusiones nefastas en todos los niveles de nuestras vidas. Lo visceral siempre estará tratando de salir a flote en las situaciones caóticas. Para combatir este aspecto que solemos asociar con nuestro lado "más instintivo", tenemos que establecer acuerdos previos con nosotros mismos, que nos lleven a especificar, de manera racional qué batallas asumiremos y en qué no vale la pena malgastarnos.

Un ejemplo de esto, es la historia de aquel maestro zen al que llego un gran guerrero conocido por su talento para provocar al contrincante. El guerrero retó al maestro a un duelo, y el maestro aceptó, haciendo caso omiso de sus discípulos. Cuando el duelo inició el guerrero abofeteó al maestro, le gritó insultos, le lanzó objetos, pero el maestro permaneció inmutable. Así durante varias horas hasta que el guerrero se dio por vencido. Los discípulos le preguntaron al maestro: ¿por qué te has dejado humillar por el guerrero? Y este les respondió con otra pregunta: cuando alguien te da un regalo y tú no lo aceptas, ¿a quién pertenece este regalo? Ellos respondieron que sin duda, a la persona que lo daba. Él les explicó que así mismo, las agresiones que no se aceptan se quedan en las manos de los contrincantes, mientras nosotros permanecemos inmutables.

> Libera sustancias asociadas con la felicidad, los estudios han comprobado que incluso puede prevenir y combatir síntomas asociados a la depresión

Capítulo 4: Identifica y superar los detonadores negativos

Existen algunos factores que nos llevan a emocionalidades densas en un círculo sin principio ni fin. Es complejo trastocar una situación que lleva mucho tiempo generando sentires que luego se han fundado como emociones y asociaciones en nuestro cerebro, cargadas de negatividad y tensiones que no nos permiten aliviar nuestro ámbito emocional.

En el contexto familiar, suele suceder que cuando deseamos transformar una actitud que ha estado vigente en nuestra crianza, pero también en nuestros padres, en nuestros abuelos; somos distanciados, tomados como los raros y disfuncionales. No obstante, será imposible sanar estas heridas que van quedando como fruto de la formación si no hay alguien que tome la iniciativa.

Puedes tomar el primer paso si decides que es más importante sentirte en bienestar contigo mismo y con el mundo que la opinión de los demás. Si bien, somos seres que requerimos de otros seres, las opiniones son aquello que es más variable en todos, y estas tienden a modificarse tanto como el clima mismo, por ello debemos hacer caso omiso a estas si deseamos salir adelante, y enfocarnos en crear felicidad real a partir de una emocionalidad saludable.

Una emocionalidad saludable no implica que seamos seres perfectamente balanceados como los que se ven en las publicidades de cursos de yoga, o que nos alejemos de todas las emociones intensas. Implica encontrar un equilibrio propio entre aquellos consejos para salir delante de los detonadores negativos, y nuestro impulso propio, aquello que nos motiva a salir de la cama cada mañana, a trabajar, a sonreír sin motivos aparentes.

Las pequeñas cosas de la vida te pueden brindar muchas luces para saberte privilegiado, porque mientras tus percepciones y sentimientos negativos se centra en las grandes fluctuaciones económicas y en cómo están tus inversiones, a unos kilómetros de ti, en el campo más cercano, hay quienes agradecen y celebran la lluvia para sus cultivos áridos.

La invitación es a darle valor a todo lo que tenemos, a ver – aunque suene un poco utilitarista- tu familia, tu trabajo como un activo. Y a agradecer cada mañana por lo que tienes, pues en esta ruleta de sube y bajas económicos y emocionales que es la vida, debemos siempre agradecer en presente para seguir afirmando a nuestra mente que somos el resultado de un esfuerzo continuo y que si no labramos nuestros propios surcos ¿quién lo hará por nosotros?

Mientras nos enfocamos en las grandes situaciones que afronta el mundo, y en la guerra que es inminente de la otra parte del globo terráqueo hacemos caso omiso a trabajar sobre nosotros mismos. O una vez hemos empezado "a sembrar" patrones de emocionalidad más sanos, pensamos que no es necesario trabajar en depurar aquellos escenarios de la vida donde aún se conservan los antiguos patrones. Por ejemplo, te has propuesto no estallar en ira por una semana, y has comenzado firme en este propósito, pero por otra parte, sigues alimentando aquello que suscita tu enojo: noticias violentas, discusiones sobre política, fútbol con tus compañeros. La propuesta es que también trabajes en estas áreas, que lo hagas de manera más integral para que en vez de simplemente negar y reprimir las emociones, identifiques qué las aflora y puedas trabajar en reemplazar estos comportamientos.

Lo primero que puedes hacer es dedicar cinco minutos diarios a estar en silencio o meditación. Lo ideal es que lo hagas en la mañana o en la noche para que puedas agradecer por las nuevas oportunidades o por lo sucedido durante el día, en este espacio puedes ubicarte en el suelo o sobre la cama, lo importante es que estés cómodo y sentado en una postura recta. Cierra los ojos y conéctate con tu respiración, ¿es fuerte? ¿Es calmada?, si vienen pensamientos a ti no trates de evitarlos, simplemente obsérvalos como quien ve un avión que surca en la superficie azul del cielo, y que se pierde en él. No los sigas. Déjalos ir.

Previo a esto puedes haber definido una o dos frases en positivo que te ayuden a enfocarte en lo que deseas transformar de tu emocionalidad y que estén directamente relacionadas con quien eres, a manera de mantra. Por ejemplo soy tranquilidad. Trabajo en armonía". El poder de las palabras está tan comprobado que los expertos en Programación Neurolingüística han asociado los fonemas con el poder que tenemos de atraer las cosas a nosotros. Repite tus mantras una y otra vez con los ojos cerrados, llevando tu atención al entrecejo.

Verás que con esta pequeña meditación habrá momentos del día en los cuales estés a punto de estallar en estrés o en ira y tus mantras volverán a tu mente a recordar y afirmar tus propósitos, brindándote seguridad y control sobre las situaciones problema.

La prioridad del ser para luego tener

Si bien, una de las metas que alguna vez todos los seres se han planteado en la vida, es llegar a la estabilidad financiera, la estabilidad emocional no debe depender directamente de ello. Pasamos gran parte de nuestras vidas, dándole largas a la felicidad para cuando las condiciones materiales de nuestra existencia sean cómodas, pero se nos va la vida en ello.

> El poder de las palabras está tan comprobado que los expertos en Programación Neurolingüística

Si fuéramos conscientes de la riqueza que habita en nuestro ser, pasaríamos más tiempo en contacto con nuestra capacidad creativa, y haríamos un balance entre el trabajar y el crear. Cuando nuestra mentalidad no está en un trabajo creativo, solemos pensar que esta facultad no nos sirve en nuestra vida adulta, y por ello se nos dificulta relacionarnos con niños más allá de un vínculo de autoridad-subordinación, tener una emocionalidad expresiva, y una sensibilidad que nos permita disfrutar de las simples cosas.

Pregúntate si materialmente toda tu vida estuviese resuelta ¿a qué te dedicarías? La respuesta a esta pregunta es crucial para entender quiénes somos en realidad. Sucede que la respuesta la enviamos al fondo de nuestra consciencia, y difícilmente la recordamos en medio de las extenuantes jornadas a las que nos sometemos los adultos para obtener algo más de dinero. O si la respuesta permanece con nosotros, lo hace como una utopía y no como meta. La meta debe estar tan presente que aun cuando tengamos jornadas de dieciséis horas trabajando, ejercitándonos, estudiando, haciendo las más diversas labores, sintamos que estamos avanzando cada día un paso mínimo hacia ella.

Avanzar un paso mínimo, implica tomar los momentos de ocio y convertirlos en momentos dedicados a lo que nos apasiona, este simple ejercicio nos recargará de una energía significativa, como diría Charles Bukowski "No existe una sensación igual. Estarás solo con los dioses y las noches arderán en llamas". Le tememos a esta sensación porque hemos vivido la mayor parte de nuestras vidas en una urna de cristal donde todo está controlado, higienizado y perfectamente medido, y ante cualquier riesgo o invitación a él tambaleamos.

La invitación es: permitámonos ser, permitámonos inventar nuevas formas de las ya aprendidas: tomar un nuevo camino a casa, jugar como niños, descansar de nuevas maneras y no simplemente darle al botón de encendido en el mando y esperar que las series o los shows televisivos llenen aquellos espacios que podríamos estar destinando al avance en nuestras pasiones más intrínsecas.

La complacencia desmedida

Es un estado de satisfacción propia, y una emoción nos lleva a experimentar alegría, bienestar y en general, una elevación de nuestro estado de ánimo, entonces ¿cómo es posible que sea un detonante negativo?

La confianza excesiva en nosotros mismos puede brindarnos la seguridad necesaria para estar en bienestar, no obstante, en cada una de las situaciones (positivas, negativas, neutrales) que afrontamos en el día a día requerimos estar mínimamente alertas para prever las situaciones de conflicto en las que podemos intervenir. Cuando hay un momento inminente de riesgo, esta será nuestra peor enemiga, tanto en lo personal como en lo profesional.

Es complejo gestionar este detonante porque se camufla bajo el manto del autocontrol y genera altos niveles de placer en nuestro cerebro mientras la situación problema está operando. Este estado emocional se desarrolla como un mecanismo de respuesta frente a lo que no podemos manejar y nos hace eludir las acciones necesarias para resolver el conflicto.

Podemos decir de manera general, no es malo estar en un estado de autosatisfacción, porque este sentir está muchas veces ligado al esfuerzo previo que hemos hecho, por ejemplo: hemos pasado varios días tratando de culminar un informe, en tanto lo entregamos sentimos la alegría del trabajo culminado, del cual comprobamos que estuviese óptimo, e incluso corregimos antes de entregar. El problema está en los momentos en que por la alegría y la felicidad del logro obtenido nos cegamos frente a las medidas correctivas que hay que tomar previamente.

Cuando es un sentimiento que no nos permite razonar, calcular y evaluarnos, puede generar muchos problemas que de otra manera serían previstos. Aun con experiencia y trayectoria los seres humanos estamos expuestos al error, y algunos de estos pueden ser fatales si no desconfiamos de nosotros mismos.

Cuando caminamos por la vida con este exceso de confianza probablemente suframos lo que sufrió alguien que transitaba por la ciudad y que miró el semáforo en verde para peatones, y cruzó sin asegurarse de que no había peligro para sí, pero alguien irresponsable se pasó el semáforo en rojo en un automóvil y lo arrolló.

Siempre estamos en riesgo y si nuestra racionalidad nos permite evaluar y prever las contingencias ¿por qué no hacerlo? Se relaciona con lo que les sucede a las personas que han planeado sus ingresos y egresos mensuales centavo a centavo, pero no han dejado un dinero destinado para los imprevistos, cuando sucede algo inesperado como un quebranto de salud para un miembro de la familia, o la necesidad de un arreglo para el automóvil, difícilmente se logrará encontrar un equilibrio financiero pronto y esto traerá consecuencias por muchos meses e incluso años.

Por tanto, sabemos que nos encontramos constantemente expuestos a las consecuencias de nuestros actos tanto como a aquellas situaciones que no podemos controlar, y abrazar esta única seguridad, para tenerla en cuenta en nuestras planeaciones, consiste en la mejor herramienta para eludir este detonante negativo.

Esto llevado al ámbito de las organizaciones nos conduce a siempre estar integrando los controles de calidad y a la definición de los parámetros para implementar el Sistema de Seguridad y Salud en el Trabajo. Porque los riesgos siempre estarán latentes en nuestra condición humana y cualquier error puede ser la primera ficha desequilibrada de un dominó, que termina por tumbar toda la secuencia.

No debemos dar lugar a la complacencia en cuanto a los factores técnicos que se relacionan con el funcionamiento de las empresas, pues muchas veces de ello dependerán vidas humanas. En lo subjetivo si damos rienda suelta a nuestro auto satisfacción pondremos en riesgo no solo nuestra estabilidad laboral, sino también nuestra estabilidad personal. Fundamentar nuestras decisiones meramente en lo emocional nos generará muchas situaciones de desequilibrio.

> Guiados únicamente por la intuición no habríamos llegado hasta este momento de la historia.

Sabemos, entonces, que los mecanismos de razonamiento que se han desarrollado para la especie humana han sido el producto de siglos y siglos de evolución en los cuales tuvimos que fortalecernos y sobrevivir. ¿Entonces por qué no usarlos siempre? Guiados únicamente por la intuición no habríamos llegado hasta este momento de la historia. Reconocemos entonces, la importancia de no estar satisfechos con los más altos estándares de calidad para nuestra vida misma. Somos el CEO de nuestra propia existencia y por tanto, debemos obsesionarnos por los detalles de manera sana, siempre planificando para la crisis y conociendo nuestras fortalezas tanto como nuestras debilidades.

La envidia impide disfrutar tu propia vida

¿Cuánto tiempo pasamos en redes sociales? ¿Cuánto de este tiempo está dedicado a ver las vidas de otros? Por lo general, husmeamos en las vidas de figuras públicas, siempre más perfectas, siempre más felices que nosotros. Incluso para estas estrellas, siempre hay alguien por encima, y hasta en la cúspide siempre habrá un record histórico de una mayor fortuna, o una imagen mayor, bien lustrada por revistas y secciones de entretenimiento.

Esa imagen nunca coincide con la nuestra, y nos hace la vida añicos. Nos va llenando de ideales sobre lo que es el éxito, y sobre lo que deberíamos tener para ser exitosos, pero poco nos va enseñando sobre cómo vivir mejor: a veces sí, habrán consejos de salud, de entrenamiento que vienen acompañados de la publicidad para unos batidos funcionales, que a ti tampoco te han funcionado.

La envidia se apodera hasta de los más intelectuales, cuando las entidades normadas, avaladas por otras entidades y etiquetadas como autoridades en temas de la más diversa índole, elogian a los mismos de siempre, les dan un puesto de honor en determinada gala o certamen para cerebros brillantes, y les enaltecen como dioses en materias sobre las que tienen la última palabra. Mientras nosotros, los intelectuales del tercer mundo nos arrancaríamos un ojo por ser como ellos, por estar en sus eventos, por figurar en sus publicaciones, por entrar en sus lógicas.

¿Renunciarías al mayor de tus principios por un día como una de estas figuras públicas? La respuesta es que casi todos lo haríamos incluso por la vida de alguien que sin haber sido exaltado por la opinión pública, ha sido enaltecido por nuestros propios ojos, ¡vaya táctica la que tenemos los humanos para fijar objetivos por encima de nuestra cabeza! Si no es cierto, recuerda la primera vez que admiraste a alguien en la escuela y sabrás que la admiración se mezclaba un poco con la envidia de ser como él o ella, de seguir sus pasos, de alcanzar sus metas.

Pero ya ha estado bien, vamos a dejar de idealizar a los seres, de seguir a una cantidad exorbitante de celebridades por redes sociales, de leer la opinión de los autorizados, los miembros privilegiados de la real academia del conocimiento, de seguir todas las historias de nuestro compañero de trabajo que viaja todas las vacaciones, pero que no tiene mucho más por aportar en contenido. Vamos a darnos una tregua, a sentirnos los dueños de nuestra propia existencia por una vez.

Síguete a ti mismo, sé leal a tus principios, busca tu propio equilibrio y empieza a pensar en ti como uno de esos modelos que tanto ves. Y empieza a definirte a partir de lo que has hecho y no de lo que has dejado de ser. Notarás el cambio gradual pero profundo.

La presunción afecta tu estilo de vida deseado

Si compras una cartera de doscientos cincuenta dólares para guardar en ella cincuenta y no una cartera de diez para guardar en ella doscientos noventa, estás cayendo en el juego de la presunción. Esta es una de las trampas más comunes en las que caemos, en tratar de mostrar crecimiento económico cuando en el interior estamos llenos de necesidades por abordar.

La presunción es uno de los pilares en los que se ha fundado la competitividad contemporánea. Detrás de esa carrera por quién viste las mejores marcas, quién tiene los mejores autos, quién las mejores carteras, quién los viajes más sorprendentes; hay deudas de por vida, y seres tristes que apelan al reconocimiento social para sentirse vivos.

Cuando tenemos la necesidad de presumir, tenemos el detonante de que hay algo que está en falta y que queremos ocultar y reemplazar con el reconocimiento. No necesariamente tenemos que estar invirtiendo fortunas en esto, pero por ejemplo, pagar por dos años enteros un celular de última gama, una cuota que nos parece "razonable", es una trampa en la que caemos tan rápido cómo el tiempo que le toma al mercado sacar otro celular. Uno tras otro modelo, iremos moviendo "la cola", como un perro tras la comida, e invertiremos horas valiosísimas en saldar estas deudas.

El primer paso para salir de este círculo es aceptar que estamos cayendo en esto y ser sinceros con nosotros mismos sobre qué podemos permitirnos. Luego empezaremos a mostrarnos sin máscaras, tal y como somos, y no tendremos a miedo a nuestro propio brillo.

Porque bajo la capa de cosas, maquillaje, y vestimenta con la que pretendemos resaltarnos, hay unas cualidades que estamos opacando y que se verían más claramente si decidiéramos mostrarnos en todo nuestro esplendor.

Imagina que estás en una isla desierta. ¿Qué te haría diferente a otros humanos? Allí solo estaría tu mente y tu capacidad para relacionarte, allí solo pesaría tu creatividad, tu motivación, tu proactividad. Eso es lo único que puede mejorar tanto tus condiciones emocionales como materiales. El resto es simple accesorio.

La negligencia deja pasar las oportunidades

Vamos tachando los días en el calendario. Permitimos que la vida se convierta en esto, en formas aprendidas para pasar el tiempo. En planes inexistentes sobre el dinero, con gastos recurrentes en comida a domicilio y ropa que se arruma sucia una y otra vez. Hemos ignorado el transcurso del tiempo, porque así pretendemos acelerarlo, que llegue la hora de salida, que llegue el fin de semana, que lleguen las vacaciones, y así nos pasamos posponiendo en disfrute genuino de quienes nos acompañan, de lo que somos, y de la grandeza que nos puede compartir la naturaleza.

La negligencia está presente cuando hacemos caso omiso a nuestro cuerpo, cuando hacemos caso omiso a nuestra alma, para trabajar al servicio de una compañía que no nos convence, o de la cual ni siquiera nos hemos cuestionado. Somos operarios de un sistema que solo le importa que reinvirtamos lo que ganamos en compras inútiles, y vamos condicionados a los mismos centros comerciales cada fin de semana, e incluso a los mismos patrones de consumo en vacaciones.

Negligencia es pretender habitar en un hogar y no conocer nada sobre las personas que allí están. Si vives solo, negligencia es no darte a la tarea de conocerte a ti y a tus mil posibilidades. Esta actitud es el egoísmo en su forma más plena, y también la ruina y la pobreza porque vamos por la vida sin prestar atención a lo que florece adentro, y difícilmente veremos el amanecer en el cielo, y la oportunidad que este representa.

La angustia te limita en diferentes áreas de tu vida

Del otro lado de la autocomplacencia, están quienes asumen con continuidad esta postura que genera altos grados de ansiedad y sensación de desorientación y poco control frente a las situaciones que nos ocurren a diario. Bajo este estado todo nuestro organismo se pone alerta.

Los efectos que genera la angustia son tan mentales como físicos. Entre los síntomas físicos están: aceleración del corazón, problemas para respirar fluidamente, nuestros sentidos se alertan. En el aspecto mental nos ponemos alerta, y empezamos a prever lo peor. La ansiedad es uno de las afecciones mentales que más generan angustia y sensación de descontrol en todas las esferas de nuestra vida.

La angustia se convierte en un detonador negativo cuando no sólo está para cumplir su función protectora sino que comienza a generar todo tipo de fantasías nefastas en nuestra mente, cohibiéndonos ante la toma de decisiones y en el accionar cotidiano. Todo este conjunto de irrealidades que se arraigan en nuestro cerebro nos generan alta tensión y empezamos a obsesionarnos de manera poco saludable en todo lo que hacemos y en aquellos factores de los que depende nuestra existencia: lo económico, las relaciones.

Los orígenes de la angustia como emoción regente del comportamiento en alguien, pueden estar en un acompañamiento poco óptimo del llanto y de la tristeza, en tu infancia. Por eso si asumes el rol de padre o madre, o eres el cuidador de algún niño, procura no subvalorar sus emociones con frases como "no pasa nada", "ya para de llorar"; reemplázalas por: "estoy aquí para ayudarte o ¿qué sientes?".

Cuando estamos en nuestra etapa adulta tendemos mucho más a esconder las emociones propias y a disfrazarlas entre las ocupaciones cotidianas, pero esto sería cometer el mismo error del enfoque de acompañamiento con los niños. Permítete sanar a tu niño interior, pregúntate a ti mismo qué sientes, qué te angustia, en qué se basan tus temores, si las respuestas son todas ambiguas y no puedes concluir nada en estos aspectos, procura buscar ayuda profesional, pues la ansiedad a largo plazo trae muchísimos malestares.

El primer paso para combatir tu inquietud, nerviosismo, y ansiedades existentes frente al futuro tales como sentirte incapaz de alcanzar tus objetivos es aceptar que esto no hace parte de tu personalidad. Nadie es así, es un estado temporal por el qué tú decides cuánto tiempo pasar.

Solemos eludir la solución a nuestras angustias porque metemos la ansiedad, la negligencia, nuestra falta de autoconocimiento en un mismo saco y decimos "estoy estresado". Pero no nos concentramos en identificar los factores que nos generan esto: por ejemplo el temor a lo desconocido (un nuevo empleo, una mudanza), un reto laboral, un examen. Por otra parte, hay quienes no pueden explicar su ansiedad basados en los hechos o situaciones que están viviendo o deben asumir, allí hay problemas de ansiedad sobre los que sí se debe trabajar con mayor detalle.

Los ataques de ansiedad son situaciones en los que se manifiestan los síntomas de los que hemos venido hablando pero con mayor potencia: taquicardia, respiración acelerada, temblores, todo esto sumado a la sensación de que uno podría entrar fácilmente en un estado de demencia o morir. Por ello debe evaluar constantemente su emocionalidad para prevenir estos síntomas o buscar de ayuda profesional en caso de haberlos sufrido.

Para prevenir o mitigar esto, es importante que hagamos modificaciones sustanciales en nuestra dieta; es recomendable evitar el consumo de sustancias que generan excitación en nuestro sistema nervioso, tales como las bebidas tipo cola y el café; además, energizantes, e incluso debemos renunciar al té verde. También necesitamos brindar una nutrición óptima para nuestro cerebro, buscando el omega 3 que puede estar presente en algunos suplementos o en el pescado. En las noches podemos beber gotitas de valeriana o pasiflora que son naturales y van bien en un poco de té antes de nuestra meditación y agradecimiento.

> Cuando estamos en nuestra etapa adulta tendemos mucho más a esconder las emociones propias y a disfrazarlas entre las ocupaciones cotidianas

Es importante acompañar esta dieta con actividad física, pues se ha demostrado que el ejercicio que se realiza de forma regular al aire libre ayuda a reducir los niveles de ansiedad. Después del ejercicio podemos tomar unos minutos para buscar la relajación. Esta es muy importante, y la eludimos por tener días cargados de muchas actividades.

Por otra parte, si estamos implementando estas actividades pero no estamos buscando tratar la raíz de nuestra angustia, por medio de tratamiento profesional (de ser necesario cuando los síntomas son persistentes y nos bloquean para llevar una vida sana y funcional), y la búsqueda de autoconocimiento.

La pereza es aliada de la carencia y de la pobreza

Es común la frase de un Almirante de la Marina de EE.UU, que dice "si quieres cambiar el mundo, empieza por tender tu cama". Esto parece demasiado simple, pero hace referencia a que en el centro de la transformación hay un primer paso que nos lleva a otro paso y otro, así, cuando menos lo pensamos estamos trotando montañas y alcanzando su cúspide.

La pereza puede surgir de nuestra negligencia para con lo que nos motiva, pues en este caso, surgiría a la necesidad que tenemos como ser humanos de hacer, de crear, de trabajar, y se convierte en un limitante para el alcance de nuestras metas. Este estado mental y físico se adhiere a hábitos que en ocasiones disfrazamos con excusas tales como "siento mucho cansancio", "no tengo tiempo".

Hoy dejamos de tender nuestra cama y mañana dejaremos de lado el informe que necesitamos generar porque no tenemos la energía suficiente, o simplemente nuestro sistema nervioso no está creando el hábito de ponernos al día con nuestras labores.

Nuestro incentivo debe estar en el trabajo bien hecho para nosotros mismos, si lo que nos motiva a ser productivos es la vigilancia de nuestro jefe, o simplemente el temor a perder nuestro trabajo, estamos cayendo en un error de fondo pues debe ser nuestra motivación intrínseca lo que nos defienda de esta enemiga interna que se arraiga en nosotros con fuerza y potestad.

Por ello, vamos a buscar antes de ejecutar nuestro trabajo (aunque este sea muy rutinario), aquello que en él podemos aprender, y a definir qué nos mueve hoy. El motivo tiene que ir más allá del "cumplimiento" o de lo económico. Tiene que ser un compromiso de nosotros mismos hacia la construcción propia y el aprendizaje y no una imposición.

Por otra parte, con frecuencia proyectamos el cansancio mental hacia el físico, entonces como excusa milagrosa para no hacer deporte usamos: "he trabajado todo el día", afirmación que momentáneamente nos hace eludir el sentimiento de culpa y pereza, pero en realidad estamos profundizando más en el problema, porque deberíamos abolir todas las excusas y tomar mínimo treinta minutos diarios para darle actividad física al cuerpo, es un regalo que tanto este como la mente te agradecerán.

Si aun implementando estas pequeñas estrategias para hacer de lado este detonante sentimos que la pereza es un monstruo contra el cual no podemos debatirnos, detrás de este letargo mental podrían existir causas ocultas que estén limitando nuestra psique. Aunque no parezca posible del todo, la pereza puede esconder síntomas propios de la depresión tras el sonido tímido de los miedos, el peso de la carga laboral e incluso la presión de una sociedad para la cual lo ideal es que estos estemos siempre en acción.

Así que este detonante negativo se combatirá unas veces luchando en contra corriente; tratando de ir en sentido opuesto a nuestro tedio, hábitos, miedos y estrés. Y otras veces permitiéndonos flotar en el agua, ser transportados por un afluente en el que no importa el logro de objetivos, sino el disfrute de la vida, pero un disfrute consciente que se engendra en contraposición al cardumen de acciones que pretenden que pesquemos a diario.

Nos encontramos entonces, ante una dimensión que nos lleva a grandes condicionamientos mentales que debemos conocer si queremos gestionar de forma integral. No es solo la obligación a vencer la pereza lo que te ayudará a salir de su influjo. Porque no se trata solo de "quitarnos un traje" y ponernos uno nuevo. Se trata de entender el trasfondo, las razones que nos han llevado a este estado de cosas, procesos latentes y ciclos de descuido para con nosotros mismos.

Algunos estudiosos del tema han remontado las razones humanas de la pereza a nuestros antepasados, quienes requerían ahorrar energía para afrontar los duros inviernos y los días sin comida. Cuando había temporada de escasez nuestros parientes lejanos de la prehistoria tendían a guardarse de forma muy instintiva, para que así sus reservas de energía fuesen usadas en el momento de mayor peligro o necesidad.

Por tanto, hoy en día, que hemos inventado la calefacción, que hay una y mil formas de resguardarnos frente al invierno, que en muchos lugares del mundo y sobre todo en las ciudades, tenemos acceso al alimento; la pereza podría manifestarse cuando percibimos cierta inseguridad en nuestro entorno y necesitamos de un tiempo con nosotros mismos, aquietados, guardando energías. Pero ahora también poseemos esa capacidad de reaccionar, de buscar soluciones a través de nuestro razonamiento, y es allí donde debemos entender el porqué de la pereza, para detrás de ella encontrar las herramientas que nos facilitarán la vida en diferentes aspectos.

No siempre, se trata de debilidad o de ocio, de procrastinar o no desear salir de nuestra zona segura. Si bien las personas que procrastinan y quienes se enfrentan a la pereza tienen en común los bajos niveles de motivación, las primeras personas sí tienen una idea de hacer una tarea en su cabeza, solo que siempre la están posponiendo.

Quienes están bajo el influjo de la pereza no tienen la fortaleza para planear y llevar sus objetivos a la acción. Es en este estado de cosas que necesitamos averiguar cuáles son las verdaderas causas.

Una de las más frecuentes es el temor al que siempre estaremos enfrentados como seres humanos, nos asusta que nuestros objetivos no se puedan cumplir, no alcanzar aquello que nos hemos propuesto, fallar, no llegar a cumplir las expectativas de quienes nos importan, o simplemente afrontar aquello que no podemos controlar completamente.

Algunos estudiosos del tema han remontado las razones humanas de la pereza a nuestros antepasados

Por otra parte, la pereza como factor asociado a la depresión es más compleja de detectar porque suele estar escondida tras el agotamiento o el simple desanimo para realizar las acciones más cotidianas. Cuando este sentir empieza a ser acompañado por negatividad y pensamientos fatales, que no nos permiten ser funcionales o llevar a cabo el mínimo de tareas para nuestro día a día, necesitamos ir más allá de las definiciones normales de pereza y empezar a buscar ayuda.

El resentimiento impide el crecimiento

Nuestra memoria es tan selectiva que podremos recordar un evento negativo que ocurrió hace años y no aquel gesto positivo que tuvo un compañero esta mañana. El resentimiento es una carga mental que nos roba espacio importante de nuestro "almacenamiento interno", y al que no debemos dar rienda suelta si lo que deseamos es ser contundentes en el alcance de nuestros objetivos personales.

En primer lugar, debes saber que sentirte resentido implica sentirte decepcionado en relación a las expectativas que tenías de alguien más, esto te va atando en esta energía y te conecta con esta persona hasta que no aprendes a gestionar este resentimiento. Puede que la persona ya no esté presente físicamente en tu vida, pero psíquicamente te quedas atrapado, lo cual es muy destructivo para ti mismo.

Cuando sientes resentimiento por una persona es muy común que aparezcan otras personas en tu vida que te provoquen esta misma reacción, hasta que no aprendamos a soltar este rencor, esta rabia. Por lo tanto, se trata de ser conscientes de que es algo completamente destructivo para nosotros mismos, y que nos liga a la persona de la cual "no queremos saber más" o que nos ha causado daño o decepción.

Los beneficios de aprender a cómo gestionar este detonante negativo, son múltiples: por ejemplo, aumentas tu energía vital, tu salud; emocionalmente te sientes más estable, creces como persona y además, cuando se entra en un proceso de trabajo sobre tu mentalidad, los hemisferios del cerebro se equilibran mucho más y te conviertes en una persona más creativa.

Pero ¿por qué creamos esta emoción que nos ata tanto? Es el resultado de crear unas expectativas altas que solo han generado una reacción inesperada o realmente baja, con una actitud o comportamiento que no esperabas de una persona determinada. De allí empezarás a culpar a esa persona o a esa situación de tu malestar, y la culpa es una de las mayores excusas para seguir sintiendo esta negatividad tan asociada al victimizarnos a nosotros mismos.

Esta culpa que a veces parece inocente, porque al señalar a los demás nos sentimos inocentes, tiene un coste personal y es la pérdida de la libertad personal, pues estás atrapado en un pasado que ya no existe.

Ahora bien, primero es necesario dejar de culpar para dejar de lado la culpa y empezar a trabajar en liberarnos del rencor y del resentimiento. El proceso para dejar de lado culpa se centra en tres pasos: sé consciente de tu elección de culpar a los demás. Nos guste o no nos guste la situación por la que hemos pasado, somos nosotros mismos quienes la hemos creado: de manera directa o indirecta, somos el fruto de nuestras decisiones.

En segundo lugar, el hecho de sentirse víctima, o querer tener la razón nos genera cierto nivel de satisfacción, es decir, sentimos que aquella acción "que nos ha hecho" la otra persona, es precisamente eso: una acción de la cual nosotros somos los receptores pasivos, y al decirlo nos liberamos de nuestra responsabilidad, señalando al otro (que es lo más sencillo) y así sintiendo que en cierta medida "saldamos nuestra negatividad".

En tercer lugar, debemos tomar la decisión consciente de soltar todo esta negatividad y dar paso a que surjan las emociones saludables. Cuando dejamos de culpar empezamos a experimentar el perdón. Una vez lo soltamos, las emociones saludables aflorarán de nuestro interior.

Se trata de tener una actitud de rendición, de no lucha, no quiere decir que no seas capaz, sino que eres tan inteligente que entiendes que luchar desgasta tu energía, y que estas emociones que se quedan en tu cerebro van creciendo en tu cuerpo hasta tener incluso reacciones física. Así que enfócate 100% en la sensación corporal que está asociada a esta emoción (¿te acelera el corazón?, ¿sientes un vacío en el estómago?) y deja que esta emoción siga su curso, sin querer que se vaya, simplemente permitiendo que se vaya, dejando de hablar de ella, pero escribiendo cuando sea necesario.

> Nos guste o no nos guste la situación por la que hemos pasado, somos nosotros mismos quienes la hemos creado

Ríndete ahora porque el resentimiento no puede ser el rey de tu vida. Trata de percibir la situación fuera de los confines de lo que "eres" y busca un nivel consciencia más elevado, mirando la situación como una oportunidad perfecta para crecer. Cuando aparecen obstáculos o personas que nos han marcado con grandes cargas de resentimiento, nos están mostrando la necesidad de aprender sobre una parte de nuestro ser que tal vez no hemos explorado con anterioridad. Nos están entregando un regalo. Agradezcamos esta acción o este comportamiento que nos brinda la oportunidad de crecer.

Capítulo 5: ¡Supera a los saboteadores de la inteligencia emocional en las finanzas!

En el capítulo anterior hemos hablado de algunos detonantes que nos impiden estabilizarnos emocionalmente, y que están relacionados entre sí, porque están en nuestro rango de control y podemos estabilizarlos con una cuota mínima de inteligencia emocional.

Ahora bien, queremos abordar aquellos saboteadores sobre los cuales creemos no tener poder alguno, y que son lentos trabajadores de emocionalidades y estados financieros nefastos, que se van convirtiendo poco a poco en hábitos y realidades que nos dificultan nuestro desarrollo y el crecimiento financiero. La invitación es a que los superemos, con el conocimiento pleno de que podemos trabajar sobre aquello que parece "estar fuera de control" y que esto incidirá en todos los niveles de nuestras vidas.

¿Te has preguntado alguna vez por qué hay personas que les va todo bien, que tienen mucha suerte y en cambio hay otras que no? Esto suele ser más notorio en situaciones adversas cuando se pone a prueba de qué estamos hechos, y algunos sufrimos demasiado, y otros tenemos la entereza suficiente para enfrentar estas situaciones.

Hay dos puntos principales que diferencian una persona de éxito de otra que no tiene esta facultad. La primera es: las acciones que emprendemos, pues sin acción nada sucede. La segunda es la forma de comunicarnos con nosotros mismos y con los demás. Por lo tanto, si quieres alcanzar el éxito, crear la vida que deseas, es muy importante que te enfoques en estas dos cosas.

La verdadera inteligencia subyace en las emociones, es por ello que la comunicación es la herramienta. Se ha comprobado, a través de estudios especializados que el IQ (que era hasta hace poco la única forma de medir la inteligencia) solo comprendía el 20% de lo que necesitamos los seres humanos para crear unas condiciones de vida plena y alcanzar el éxito, el resto es inteligencia emocional.

Como hemos hablado en el capítulo tres, la inteligencia emocional se clasifica en las cinco habilidades que están contenidas en la inteligencia interpersonal (entender a los demás, saber qué sienten, qué les motiva) y la intrapersonal que es la capacidad de comprendernos a nosotros mismos. Sin conocernos a nosotros mismos será muy difícil conseguir la vida que queremos.

Así mismo, cualquier persona que quiera conseguir lo que se propone, (creando una vida de bienestar, libertad y felicidad), debe estar en una interacción sana con los demás y con su contexto.

El miedo paralizador

Es una emoción que siempre nos confronta con lo que somos y queremos ser. El miedo puede venir de nuestro cerebro más instintivo y en este caso nos estaría protegiendo de aquello que considera una amenaza para nosotros; pero por lo general esta emoción no es nada más que una perspectiva falsa de cualquier situación o de cualquier cambio.

El problema es que el miedo se arraiga en lo físico, generando sudoración excesiva, temblor, parálisis, nerviosismo generalizado, síntomas que son necesarios identificar para empezar a trabajar en la gestión de esta emoción.

Hay miedos racionales y miedos irracionales. Los primeros son mínimos y responden al funcionamiento evolutivo de nuestra mente, protegiéndonos y alertándonos frente a lo que nos puede ocasionar un peligro; no obstante, la mayoría de miedos (al fracaso, a la equivocación, a perder) son una creación mental que nos limita.

Una de las mejores estrategias para superar los miedos irracionales es comprender qué hace nuestra mente cuando afronta un miedo y dejar atrás el piloto automático. Las estrategias automáticas de nuestra programación inconsciente son: la huida (el querer irnos, o eludir lo que estamos sintiendo), el autoengaño (no aceptar lo que nos provoca una situación) y la tercera es luchar, resistirnos a él, pero cuando más luchamos más poder y fuerza tiene esta sensación sobre nosotros.

Otra estrategia significativa para afrontarlo es sentirlo, experimentarlo cuando está sucediendo, saber qué partes de nuestro cuerpo sienten qué, y cómo opera nuestra mente;

pues si no lo experimentamos estamos oprimiéndolo hasta que llega un momento en sale a flote. Con un trabajo constante sabemos asignarle el nombre a lo que estamos sintiendo, normalizándole y estando en capacidad de avanzar, sea cual sea la situación.

Las consecuencias de no afrontar el miedo son la parálisis: te quedas en tu zona de confort, y te vas limitando para crear la vida que realmente deseas, y como todos tenemos una necesidad de crecer, de evolucionar, si no hacemos frente al miedo estamos estancando nuestra vida.

La próxima vez que estés en una situación que provoque tu miedo, puedes recordarte de los beneficios que te generará afrontarlo: serás libre y capaz de tomar las riendas de tu vida para crear lo que tú deseas. Además pregúntate, ¿qué es lo que más valoro? ¿Mi voluntad o el miedo? Muchas veces damos más importancia al miedo y no a nuestra propio éxito queriéndose manifestar a través de nuestra voluntad y el poder que tenemos para decidir y transformar.

¡No te sabotees!

Las excusas que nos ponemos todo el tiempo suelen ser un ruido del cual no sacamos nada. Por ello cuando aprendes a escucharte, a entender cuáles son los causantes internos de tu paralizan ante la acción y el éxito, puedes empezar a deshacerte de grandes barreras emocionales, pero de gran influencia en tu estabilidad económica y emocional actual.

El auto boicot se compone de todas las acciones que llevamos a cabo en contra de nosotros mismos y nuestro proyecto de vida. Se centra en generar problemas y trabas que nos auto imponemos a nosotros mismos y que nos impiden conseguir lo que queremos.

Y nos preguntamos ¿pero por qué pasa esto? Muchas veces actuamos de manera contradictoria, pues nuestra naturaleza interior es un espacio donde dos lobos se pelean. El round final lo gana al que le des más poder. El problema radica en que normalmente no somos conscientes de a cuál estamos alimentando y los días pasan, sin sentido en el calendario.

Vamos creando estas barreras en nuestra zona de confort: somos animales de costumbre, nos gusta la seguridad y como le tememos al cambio nos auto saboteamos. Ponemos limitantes incluso antes de atravesar la línea de inicio, y en ocasiones nos corremos 10 km más allá nuestra propia línea de meta. Esto pasa, por ejemplo, cuando deseamos más éxito y tenemos la posibilidad de un ascenso pero decidimos no hacerlo porque sentimos que vamos a desequilibrarnos o perder la libertad. O cuando queremos perder peso pero, por otra parte, no dejamos de comer.

> La próxima vez que estés en una situación que provoque tu miedo, puedes recordarte de los beneficios que te generará afrontarlo:

¿Cómo solucionamos esto? Primero, debemos tomar consciencia de cuáles son nuestros patrones de pensamiento y comportamiento asociados al auto sabotaje. Normalmente el auto sabotaje viene ligado a las voces interiores que nos dicen "no puedo" "no sigas adelante", por ello es importante que las identifiquemos y les asignemos un nombre, ejemplo: "monstruo", "el saboteador". Puedes llamar, a estos tiranos interiores, como quieras, pero lo importante es identificar estas voces que son la causa del auto sabotaje.

Los hábitos de auto boicot son extraños, no tienen ningún sentido, se sienten como habitar con el enemigo en casa. En ese apartamento que le construimos a las voces, también habita la auto-exigencia: esa cima inalcanzable porque ha sido formulada pensando en alguien más, o en un contexto que simplemente no existe.

El perfeccionismo también es un causal de sabotaje. Esto también responde a la falta de auto valía, es decir, de no reconocer nuestro propio valor y nuestros logros; y esto hace que caigamos continuamente en este círculo vicioso de ponernos trabas a nosotros mismos.

¡Pero ya basta! Se trata de trabajar sobre tu autoestima, pues es absurdo buscar resultados diferentes si sigues implementando las mismas estrategias. Así que todo parte de hacer una evaluación sincera de ti mismo donde calles a tus tiranos internos, (puedes darle un giro a todo el asunto por medio del humor) De esta manera harás que aquello que parecía un gran problema puede ser una oportunidad para aprender de ti mismo, y el arma será la risa.

Cómo enfrentar las personas tóxicas

¿Te sucede que aparecen personas tóxicas en tu vida y te preguntas por qué? ¿Sientes que es necesario aprender a poner sanos límites a este tipo de personas para que no te afecte? Los humanos tenemos un alto componente social, y lamentablemente no podemos vivir como ermitaños, necesitamos del otro y de la otra, pero hay que identificar cuando la necesidad que los otros tienen de nuestra ayuda y apoyo sobrepasa los límites de nuestra energía.

A veces atraemos a nuestras vidas jefes, compañeros, amigos que, después compartir tiempo con ellos nos hacen sentir negativos, nos generan cansancio, nos cambian los pensamientos. Estas modificaciones en nuestro estado mental y emocional deben ser detectadas a tiempo para poder gestionarlas.

¿Pero cómo identificar a las personas tóxicas? son personas que constantemente se sienten víctimas de las propias circunstancias de sus vidas y tratan de captar tu atención, consumiendo tu energía. Suelen ser personas manipuladoras que te hacen creer que eres el problema de cualquier situación y sin darte cuenta te van impidiendo creer en ti mismo, disminuyendo tu autoestima. Son personas altamente egocéntricas, se están quejando todo el día, lo ven todo negativo. Suelen criticarse tanto a sí mismas como a los demás. Suelen no tener metas vitales o grandes motivaciones y son personas muy infelices que buscan a toda costa transmitir esto a los demás, y proyectar en ti, su inseguridad.

Por tanto, cuando identifiques este tipo de personas es necesario que empieces a ignorarlas, o si no puedes hacer esto porque es un jefe o un familiar o una persona con la que debes tener una relación obligatoria, la técnica para gestionarlas es: estar muy atentos en su presencia, poner límites y no dar rienda suelta a sus conversaciones cargadas de toda esta emocionalidad nefasta, así evitaremos contagiarnos emocionalmente. Debes controlar tus emociones, porque estas son posibles de transmitir de un ser a otro.

Mantente alerta cuando estés con estas personas, porque allí tendrás una oportunidad para potenciar tu autoestima, aprender a poner límites y potenciar tu seguridad contigo mismo. Tu puedes elegir con quien pasas tu tiempo, tu vida, no la desperdicies con personas que te causan esta emocionalidad. Y si no puedes distanciarte, simplemente mantente alerta y aprende a establecer sanos límites.

¡Deja de procrastinar!

Sin acción nada sucede en nuestras vidas. Muchas veces tenemos bloqueo mental, creativo y cuando sucede ocasionalmente esto es completamente normal, pero cuando se convierte en un hábito que afecta nuestra productividad, es necesario poner lupa sobre el tema.

En primer lugar tienes que saber para qué deseas pasar a la acción, y desde allí establecer una motivación intrínseca que puede llevarte a la ejecución pues si no sabes el para qué ¿cómo puedes llegar a alcanzar el cómo? Ahora bien, necesitas una visión clara sobre lo que quieres conseguir ahora: permítete cometer errores, suelta el perfeccionismo y comienza a vivir en un estado de prueba y error.

La procrastinación es un hábito adictivo: cuanto más te permites postergar más poder tiene sobre ti, y entre más poder tiene sobre ti más te aleja del alcance de tus metas. Cuando tienes más claridad sobre estas consecuencias y trabajas en hacerlo cada vez más consciente, puedes superarlo.

Procrastinar significa hacer otras tareas que son más fáciles y dejar de hacer lo urgente porque tu mente te está diciendo que es muy complejo o tienes temor a equivocarte. Procrastinar te impide conseguir tus sueños, así que no te permitas postergar nada que sea importante.

Una buena planificación no incluye un conocimiento completo de cómo llegarás a tu destino final, rígete por pequeños pasos, y programa aquellas tareas a las que tu mente oponga más resistencia, primero. El siguiente truco es celebrar los éxitos, y empezar a recordar lo bien que nos sentimos cuando pasamos a la acción. En el día a día no solemos concedernos el tiempo necesario para celebrar nuestros pequeños avances. Entre más reconozcamos los avances propios, más nos estaremos orientando continuamente a la acción.

Aunque hoy sea el primer día en que empieces a implementar estas técnicas: actúa como si ya fueras quien quieres ser, siente, que ya eres una persona proactiva y acabarás creyéndotelo y teniendo la energía y fuerza necesarias para manifestar lo que deseas.

Por otra parte, si al comenzar a implementar estas estrategias sientes que hay muchas dificultades para concentrarte, lo que necesitas es estar consciente sobre los ladrones del tiempo: es una cuestión de enfoque y administración de tus espacios. Uno de los hábitos que más acompaña la procrastinación es la ejecución de tareas que no son importantes y que minuto a minuto nos roban todo el tiempo.

Por último, es necesario poner por escrito un plan con tus objetivos y acciones necesarias para el alcance de los mismos. Haz de estas listas, diarias, semanales, mensuales y un gran plan anual. Entre más lo pongas por escrito más te vas a plantear estar conectado con estas acciones que son vitales para cumplir tus sueños.

No le temas al estrés, enfréntalo

Se define como la incapacidad de un ser humano de afrontar una situación problema. Aunque se rige por un detonante no es determinado por la situación amenazante ni por los síntomas que físicamente pueden estar asociados con agotamiento, sudoración excesiva e incluso problemas digestivos.

El estrés depende de nuestra actitud. Pues nos podremos enfrentar a infinidad de situaciones, que si son resueltas con énfasis en nuestro bienestar, no lograrán generar impactos negativos en nuestra emocionalidad y por tanto, en nuestra estabilidad. En este sentido, nuestra capacidad de actuar frente a lo que está ocurriendo es determinante y establece un precedente en las posibles situaciones problemáticas.

El estrés se mide conforme a la capacidad o no de ejecutar planes de acción efectivos para resolver el problema. Por tanto, aunque tengamos las reacciones negativas que hemos predefinido, estás no tienen por qué ponernos en estrés si tenemos la capacidad de modificar el orden de cosas que originó los problemas, o por lo menos neutralizando los puntos neurálgicos.

Si podemos controlar nuestras percepciones y el peso que en la experiencia tienen algunas de las situaciones que promueven este estado en nuestro organismo, seremos capaces de no ahondar en los problemas y desarrollar estrategias para que las consecuencias físicas y emocionales se encuentren en el margen de nuestros propios límites.

El estrés siempre será el resultado de nuestra relación con nuestro entorno, cuando lo analizamos y hacemos una lectura de él que nos hace asociarlo como "amenaza" sentimos que nuestro bienestar está puesto en riesgo y por ello a veces tendemos a dejar que nuestras emociones más universales e instintivas afloren sin haber hecho un análisis de cuál sería la manera más adecuada de salir de esta situación, o qué ejercicios podríamos implementar para menguar el impacto de este en lo mental y físico.

La idea es que dejemos de somatizar aquello que nos sucede, y nos permitamos cierta libertad en el sentir frente a lo que está sucediendo afuera. Tratemos por un momento de no externalizar nuestras emociones: ellas no dependen de las situaciones, son completamente autónomas y nos pueden brindar la energía y lucidez necesaria para salir de los contextos nefastos.

> El estrés se mide conforme a la capacidad o no de ejecutar planes de acción efectivos para resolver el problema

La próxima vez que sientas estrés, toma lápiz y papel y trata de desglosar cuáles son las emociones y síntomas físicos que tienes. Esto puede tomarte unos tres minutos, durante los cuales puedes hacer el ejercicio de respirar profundo, desde el abdomen para comprender en qué lugar del cuerpo se localiza por ejemplo, la fatiga, o en qué lugar del cuerpo se genera el enojo. Nuestro cuerpo es una máquina maravillosa, que si aprendemos a relajar de manera adecuada responderá a la perfección. Así que este último ejercicio puede servir en momentos de contingencia, pero cuando te encuentres tranquilo simplemente te olvidas de brindarle la relajación adecuada.

Trata de tomar cada día un espacio para hacer un escáner por todo cuerpo, puede ser antes de dormir, tendido sobre tu cama puedes pasar tu mente por cada músculo, de los dedos de los pies al rostro, parte por parte. Fija tu atención en dónde haya tensiones y mentalmente dale la orden a tu cuerpo de "relájate". Verás que duermes con otros niveles de energía y que por tanto, comienzas el día de manera más sosegada. Trata de conservar estas sensaciones en tu día a día.

Traumas generados por fracasos pueden convertirse en nuestros aliados

A medida que vamos construyendo nuestra propia experiencia sobre la sociedad, la vida laboral, las relaciones interpersonales, las finanzas, vamos asociando algunas de estas con emociones que no son tan positivas. Esto sucede por los procesos de memoria que se dan en nuestro cerebro y cómo estos se interrelacionan con nuestra capacidad para gestionar nuestras emociones.

La memoria es tan selectiva que recordamos con mayor facilidad aquellas acciones a partir de las cuales una persona nos ha hecho daño que aquellos gestos positivos de la misma persona hacia nosotros. Por ello debemos ser cuidadosos al canalizar nuestros sentires, pues estos se van instaurando como verdades.

Si podemos gestionar estas verdades de una manera más adecuada, el fracaso se convertirá en uno de nuestros mayores maestros y aliados. Este nos ayudará a fortalecer nuestra voluntad y a encontrar nuestras debilidades como oportunidades en las cuales debemos invertir tiempo y consciencia para transformar.

La ley de causa y efecto es tan aplicable a la materia como a nuestra emocionalidad. Si estamos ligados a la acción, esta acción es posible porque existe una causa, y si cambiamos la causa, recibimos otro efecto. Cuando el efecto que tenemos para nuestra vida económica es escasez, es el momento de cambiar las causas.

Este será el primer y más contundente paso que des para transformar tu mentalidad de escasez. Cuando de una u otra forma sentimos que no somos lo suficientemente buenos o inteligentes o exitosos, vamos encadenando nuestras emociones a la negatividad y como nuestra causa siempre estará en el fracaso, ese será el dictador de nuestras vidas.

Suele ser inconsciente, pero nos sentimos indignos de la vida que deseamos, de aquellas metas que soñamos y por los que trabajamos sin éxito. Si tu interior está plagado de autosaboteadores y traumas generados por el fracaso difícilmente empezaremos a probar nuevos caminos y es un proceso en sí mismo empezar a sentirnos abundantes, potentes y fuertes para proyectar la abundancia que se empezará a manifestar en este aspecto de tu vida.

Tú eliges si eres digno o no de la abundancia que deseas para tu vida. La pregunta es ¿soy digno de la estabilidad que deseo? Seguramente dirás que sí, pero no es tan sencillo llevarlo a la realidad. Si el ideal es escalar económicamente el primer activo que tendrás que tomar a consideración son tus emociones. Si nos decidimos a favor de una emocionalidad saludable, aunque no soltemos de una sola vez y con una formula milagrosa todos nuestros temores y traumas desaparecerán.

Ahora bien, cómo incorporamos esta decisión a favor de nuestra emocionalidad en nuestro inconsciente. Tenemos que reconciliarnos con nuestro camino, dejar ir aquello que nos hirió en el pasado, cambiar aquella percepción errónea sobre lo que somos. Si tú dejas ir, estas experiencias del pasado, vas a cortar el circuito de causa efecto. Y el efecto que vas a crear en tu vida será otro.

Para cerciorarte de que has incorporado esta transformación en tu ser inconsciente puedes preguntarte ¿qué me ata?, ¿cuál es el aspecto de mi vida en el que soy más fuerte?, ¿qué me gusta de mí? ¿Qué emociones aún se me salen de las manos?

La pregunta es ¿soy digno de la estabilidad que deseo? Seguramente dirás que sí

La idea es que cada vez proyectes afuera aquello que brilla en tu interior; tus facultades, tus potencialidades y dejes de una vez por todas de proyectar carencia en tu realidad, para construir espacios relacionales, profesionales y emocionales más habitables, y enriquecidos por un flujo constante de nuevas acciones con una profunda sensación de que merecemos algo mejor y dejando atrás los temores de repetir aquellos patrones negativos que antes hemos vivido.

Por último, es necesaria la honestidad emocional: se trata de simplemente reconocer que se tiene una mentalidad de escasez que hay momentos en tu vida en que caes en la trampa del victimismo y la negatividad. No te fuerces a repetir afirmaciones que aún no son reales para tu vida, sino que simplemente reconoce que en el pasado has asumido emociones que no son constructivas para tu vida.

Todo esto derivará en una integridad emocional tal que te da permiso de elegir de manera diferente a la que has venido eligiendo hasta el momento. Y serás consciente de en qué acciones radica el problema, y así detendrás esta ruleta de causas y efectos que en apariencia no tiene fin.

¡Cuidado con el exceso de confianza!

El exceso de confianza suele ser uno de los factores de mayor influencia sobre el fracaso. Este está ligado a un desconocimiento de nuestras debilidades tanto como de nuestras fortalezas, y se arraiga sobre nuestras seguridades para cegarnos frente a situaciones que de otra manera, pudiéramos haber previsto y gestionado de forma adecuada.

Lo que es llamado exceso de confianza, hace parte de un narcicismo alimentado por lo que hemos logrado o lo que nos creemos capacitados en lograr. Se va convirtiendo en un riesgo profesional y vital porque nubla nuestra visión sobre las acciones que debemos implementar en momentos de urgencia, o en situaciones de alto impacto para nuestra vida.

Ten mucho cuidado con las siguientes recomendaciones, pues ellas no hacen alusión a la seguridad en ti mismo, porque esta es una virtud a la que no debemos renunciar. No obstante, las líneas entre ambas suelen desdibujarse y en ese sentido es necesario que entendamos cuando nos encontramos supra confiados, estar alertas para mitigar los impactos de esta actitud tan influenciada por el ego, en nuestras vidas.

El lado que cabe destacar de la confianza es su cualidad de ser extintora de temores, ella nos lleva a la acción y posibilita que los planes se lleven a cabo. Pero si estos niveles de confianza van subiendo exponencialmente, es probable que no estés equilibrando las emociones positivas que te genera este sentimiento con lo que está sucediendo en realidad.

Las repercusiones del exceso de confianza pueden causar que cualquier situación de la vida nos venza y que seamos más propensos a vivir estas situaciones pues asumimos con mayor facilidad el riesgo, por ejemplo en los negocios esto podría llevarnos a la quiebra.

Todos los seres humanos hemos vivido esta sensación, por ejemplo en el torneo de la escuela cuando nuestro equipo parecía estar ganando todos los partidos, nos sentimos tan cerca de la victoria que acabamos perdiéndola. Esto también nos pasa en la universidad, cuando nos enfrentamos a un parcial sin estudiar mucho porque creemos estar en dominio del tema, o es nuestra clase favorito, y terminamos reprobándolo porque no entendimos bien las instrucciones o en realidad sí necesitábamos de las herramientas que nos hubiese dado el estudio.

Estos son sólo algunos ejemplos de estas situaciones que se nos terminan saliendo de las manos, de lo fácil que es cruzar la línea entre la seguridad y el exceso de confianza, siendo la última un anti valor que puede complicarnos mucho la vida. Empiezas a carecer de una perspectiva integral que te da mayor nivel de crítica frente a cómo se está dando tu vida.

Si tu vida es la de un corredor de bolsa, o de jefe de gestión humana, si eres contador o deportista extremo; cualquiera que sea el caso, estás enfrentándote al riesgo cada día; el exceso de confianza te puede llevar a situaciones en que no tengas el control de tu vida, y meterte en problemas financieros.

Uno de los mayores síntomas de una confianza falsamente fundamentada es buscar anteponer las ideas propias a las ideas de los demás, sin tratar de mejorar o buscar comprender los hechos desde otros puntos de vista. Es decir, la arrogancia, aquella que te lleva a hacer caso omiso a las sugerencias y advertencias.

En tu emprendimiento, o en el proyecto que desarrolles este saboteador te llevará a tener más gastos de los planeados, a invertir más tiempo del estimado para cumplir con un proyecto y a afrontar problemas con una actitud de completa previsión, pues siempre estás dando por hecho el éxito y no has trabajado para recoger sus frutos.

Aprendamos a aceptar la retroalimentación aun cuando nos sentimos seguros de que hicimos algo de manera impecable, y lo evaluamos una y otra vez, pues esta actitud nos llevará a crear un hábito de escucha y de acogida de sugerencias, que nos hará brillar sea cual sea nuestra profesión. Algunas medidas que puedes tomar para seguir caminando hacia el éxito y evitar caer en el juego de este auto saboteador son:

No creer que las cosas son demasiado sencillas: Cuando le asignamos el adjetivo "fácil" a cualquier labor, estamos dando por hecho que esta requiere poco tiempo o atención. Vamos dejando el trabajo arrumado y cuando es de vital importancia tener las tareas culminadas nos damos cuenta del error: no le dimos la debida importancia a las cosas, y estas luego se han convertido en pérdidas que si no sabemos apreciar como aprendizajes, nos llevaran a un círculo vicioso.

Creer en la suerte: Hemos asignado un supra valor para aquellos que tienen éxito, son suertudos. Lo que llamamos suerte es el fruto del trabajo arduo, de intentar las cosas una y otra vez. Si bajas la guardia y te relajas confiando en que tendrás una "racha de suerte", en algún punto esta flaqueará. Porque para obtener acciones, debemos sembrarlas con una emocionalidad firma, y nada surgirá de la quietud y la creencia en el azar.

El enfoque en los resultados: Es importante fijarnos metas, sí. Pero cuando todo lo que hacemos se centra en la recompensa, en los premios, en las compensaciones, en los rating, en las ventas; nuestros sueños se convierten solo en eso: cifras. Esperar siempre en los resultados, nos obsesiona con las fluctuaciones, y nos roba la mirada a largo plazo, esa paciente virtud para cultivar el presente con armonía.

Debes buscar siempre tener la cabeza fría, para que la emocionalidad no empañe tu objetivo cuando el premio no sea lo que habías planeado, pero aun así, debas seguir trabajando, sobreponerte a las decepciones e incluso a los resultados "exitosos" que nos dejan en una estable zona de confort donde no hay desarrollo posible.

El dominio sobre algo: Asociar nuestros logros con "el dominio" de algo es un error en el que seguramente hemos caído. La continuidad en un cargo o en una labor nos puede llevar a desarrollar una experticia, pero si esta nos lleva a sentir que no seremos superados o que no podemos fallar, allí subyace nuestro error más grande.

Por ende, no dejes de practicar aquello que posibilitó tu dominio, y trata siempre de ir un paso más adelante de ti mismo: tú eres tu mayor objetivo y estás siempre en transformación, por tanto no te des por "pieza terminada", sino que siempre busca mejorarte y perfeccionarte, aceptando las sugerencias que los otros tienen para ti con atenta escucha.

Capítulo 6: Identifica el foco emocional que afecta tu estado financiero

Cuando la vida se vuelve un lugar de desequilibrio constante, cuando no estamos seguros sobre lo que vendrá financieramente y necesitamos estar emocionalmente saludables, es el momento de en el cual valoramos más nuestro foco, esa cualidad por la cual entramos en una relación más estrecha con quienes somos y lo que hacemos.

En primer lugar, es importante saber identificar cuándo estás conectado y cuándo estás desconectado. Cuando no estás conectado con tu esencia vital van a llegar a ti emociones como el miedo, la inseguridad, la resistencia, la apatía, y poco a poco irás perdiendo la motivación.

Por lo contrario, cuando estás conectado con tu esencia te sientes motivado, entusiasmado, con mucha vitalidad, con muchas ganas, feliz, en paz. Esto contribuye sustancialmente a alcanzar el éxito sin esfuerzos sobredimensionados, las acciones comienzan a fluir.

Es necesario, entonces empezar a identificar en qué momentos del día tu foco de atención se va afuera. Lo que nos caracteriza a los seres humanos es que nuestro foco es intermitente: nos hemos propuesto, por ejemplo, comer saludablemente, pero de repente estamos en una fiesta y nos conectamos más con lo exterior, se activa la resistencia, el temor a comenzar a implementar el cambio que habíamos previsto.

Todos los planes se van quedando en eso, solo planes, y empezamos a desconectarnos y conectarnos aleatoriamente, solo encontrando tiempo para nosotros mismos en el ocio. Pero no necesariamente, tiempo para nosotros mismos significa mayor satisfacción o conexión. Una forma de saber si estamos en conexión es analizar nuestra agenda y los sucesos del día ¿fluyen casi sin hacer nada? O por el contrario, te da la sensación de que todo es forzado.

La primera sensación te permite entrar en un estado de conexión con tu esencia. La brújula para lograr caminar hacia este nivel de expresión de ti mismo, está en el escuchar mucho a tu cuerpo: respiras y sientes que estas conectado con tu cuerpo o no, si estás viviendo a nivel mental con el piloto automático, significa que estás desconectado y es probable que las actividades que ejecutes no te generen los resultados esperados pues surgen del caos mental y la dispersión.

Para obtener este foco es necesario meditar cada día, y es algo que puede aplicar incluso para personas muy activas, porque es la necesidad de conectar con el mundo interior, de hacer respiraciones conscientes o cualquier práctica que permita la relajación. Cada quien lo hará a su medida, pero la idea es lograr el relajamiento. Relajamiento y poder van de la mano.

Otra de las maneras de lograrlo es entrar en contacto con esta sensación de algo más grande que tú mismo, de la naturaleza, su contacto te permitirá activar tu consciencia. La creatividad también te hará más sensible para escuchar tu intuición y de esta manera, tener más foco y claridad.

Se trata de hacer lo contrario a lo que nos han enseñado, y que hemos memorizado. Pasar tiempo en soledad y en silencio, haciendo caso a nuestra intuición paso por paso, en el camino. También necesitamos del descanso y de la inacción, del tiempo sin hacer nada, descansando, relajándonos, pues estos espacios permiten que a través de la superficie de la vida, ajetreada y ruidosa asomen las acciones de motivación interna, y estas serán acciones que florecerán de tu esencia con un poco de foco y claridad.

> La primera sensación te permite entrar en un estado de conexión con tu esencia. La brújula para lograr caminar hacia este nivel de expresión de ti mismo

Tu realidad financiara es transformable

Si lo que buscas va más allá de la estabilidad financiera, el camino tendrá que ser arado a través de técnicas que no son enseñadas en la escuela o en la universidad. Para transformar tu vida emocional y financiera sobre el promedio del estilo de vida que lleva la mayoría tendrás que asumir las riendas de ella, no sin antes sincerarte sobre en qué nivel de libertad financiera te encuentras.

Imagina una pirámide y sobre la base están quienes se encuentran en el nivel de supervivencia. La manera más común de esclavitud contemporánea. Son aquellas personas que deben vender su tiempo a cambio de dinero, y su empleo representa su única fuente de ingresos por lo cual, si pierden su empleo, entran fácilmente en una crisis. Como tampoco tienen un fondo para imprevistos cualquier accidente o quebranto de salud los puede desestabilizar completamente.

No viven. Sobreviven el día de hoy. Además, suelen ser personas que gastan más de lo que ganan y para solventar este problema utilizan el endeudamiento (con tasas de intereses altas, tarjetas de crédito, entre otras deudas tóxicas). Esta situación les crea más dificultades financieras y un círculo sin fin de esclavitud.

Las personas que están en este nivel, incluso pueden tener buenos empleos, propiedades y automóviles, pero el problema radica en que son personas sin ningún tipo de planificación financiera. Solo piensan en uno o dos meses y esto es nocivo para su estabilidad.

La consecuencia más negativa al vivir en este nivel es que la mente se va adaptando a la escasez y los niveles de creatividad son absorbidos por el estrés y te tienes que sobreponer a los altos niveles de negatividad que acarrea esta forma de vida. Estás constantemente preocupado y esto se ve reflejado directamente en el debilitamiento de tus relaciones interpersonales. Por tanto, las personas con este estilo de vida no solo tienen unas finanzas poco saludables sino una emocionalidad nefasta que se ve potenciada por todos los detonadores y saboteadores negativos que vimos en el capítulo 4 y 5.

El primer paso para salir de este nivel es eliminar los gastos que no sean necesarios, de esta manera podrás convertirlos en un ahorro permanente mientras vas buscando nuevas fuentes de ingresos: busca un trabajo alternativo por muy pequeño que sea, busca actividades que no requieren una gran inversión, tan solo de un esfuerzo extra. Si estás en este escalón económico (que representa la base de la pirámide) por una deuda fuerte o una hipoteca, no huyas de tus acreedores, por el contrario, negocia con las organizaciones y busca ayuda legal porque los problemas no desaparecerán si no te enfrentas a ellos.

En el nivel dos se encuentra la estabilidad financiera, es el mínimo al que toda persona debería aspirar. En este punto, aunque sigues dependiendo directamente de tu trabajo para vivir y no tienes ingresos externos, has empezado a interesarte en la construcción de riqueza financiera, estás investigando sobre activos o educándote para mejorar tus finanzas, de manera general. Además, has planificado los imprevistos de tal manera que tienes de tres a seis meses de sueldo guardado en una cuenta para emergencias. Ese colchón financiero te proporciona seguridad y eso se refleja en todos los niveles de tu vida.

Por otra parte, cuando estás en el nivel de estabilidad, tienes contratos con aseguradoras para los aspectos de mayor interés tales como tu vida y las incapacidades para trabajar, estás cubierto tú y tus familiares. Por tanto, en el plano emocional experimentas mayor bienestar y en este punto estás más receptivo a las ideas de negocio, la creatividad aflora.

Para prosperar y trascender este nivel, es necesario no relajarnos con el control de gastos, e intentar crear cualquier ingreso extra, por muy pequeño que sea: acciones, propiedades; lo principal es comenzar a perder el miedo a la inversión y simultáneamente reprimir los deseos de comprar caprichos, pues se debe gastar la mayor parte del dinero en subir de nivel.

El nivel tres es la seguridad financiera, la llave que abre los grilletes. Las cuatro características principales de las personas que se encuentran en este nivel, son: se dan cuenta que la solución es invertir, y abrazan la siguiente verdad: trabajando y ahorrando nadie se hace rico. Además, empiezan a tener activos más estables: acciones, propiedades; esto hace que el flujo de efectivo se acreciente. No obstante, aún dependen de su trabajo principal porque los ingresos que reciben por sus activos no son los suficientes para costear su nivel de vida. Y por último, en el aspecto emocional se sienten muy bien, sin temores, lo cual a veces puede presentarse como un limitante para seguirse expandiendo y creciendo. Se está en el área perfecta para el confort.

> Por tanto, en el plano emocional experimentas mayor bienestar y en este punto estás más receptivo a las ideas de negocio, la creatividad aflora.

Así que el primer paso para saltar al siguiente nivel es prestar más atención a tu dimensión formativa en finanzas: leer, asistir a cursos para evolucionar ese abanico en el cual puedes invertir y de esta manera diversificar tus inversiones, tal y como hemos hablado en el primer capítulo. También debes planear metas financieras a largo plazo, debes imaginar cómo te ves en tu jubilación, en veinte años, eso ayudará a que evoluciones y puedes pasar a los siguientes niveles que son los que más beneficios brindan.

La libertad absoluta es el cuarto nivel: el objetivo al que todos aspiramos, el trabajar desde casa. Las características de las personas que lo han alcanzado es que sus ingresos (que no dependen de su trabajo sino de sus inversiones) son iguales a sus gastos. Si necesitas mil dólares para vivir, estás en este nivel cuando tus activos los generan; es decir, tus activos están en la capacidad de financiar tu estilo de vida.

Todas sus inversiones te proporcionan dinero suficiente para asumir sus gastos y por tanto puedes dejar de cambiar tiempo de tu vida por dinero. El trabajo pasa de ser una obligación a una elección y empiezas a contar no solo con abundancia monetaria, sino también con tiempo libre para dedicarlo a tus seres queridos y a las actividades que más te gustan.

En este nivel experimentas la libertad, la plenitud, la felicidad, y empiezas a disfrutar de tu estilo de vida. Para mantenerte en este escalón o subir de nivel necesitas trabajar en tu felicidad, valorar el fruto de tu esfuerzo e invertir en tiempo de calidad con tu familia. También debes proteger a toda costa tus activos pues estos son los que financian tu estilo de vida. Debes formarte para anticiparte a los eventos económicos, no actuar simplemente de manera reactiva, sino estar siempre previendo las crisis económicas.

Y para continuar en el camino del crecimiento, puedes dedicar un porcentaje pequeño a inversiones más arriesgadas que te ayuden a subir de nivel y finalmente alcanzar la cúspide de la pirámide.

El nivel cinco es la abundancia financiera. Implica poder hacer lo que realmente deseas en la vida sin ningún tipo de privación económica. Tus ingresos pasivos superan en un

500% lo necesario para llevar una vida cómoda. La abundancia empieza a llamar cada vez más a la abundancia.

Experimentas un nuevo perfil de inversor y por tanto puedes dedicar tu dinero en proyectos más arriesgados, como "start ups" y toda clase de emprendimientos de nueva creación. Una parte importante de tu vida se la dedicas a la salud, el dinero ya lo tienes así que debes hacer énfasis en cuidar de tus hábitos físicos y emocionales, para dedicarte a disfrutar plenamente de la vida. Ya no tienes que cuestionarte si puedes o no hacer algo. Lo haces y punto ya que tienes el tiempo que quieres y el dinero que necesitas.

Finalmente, cuando te respondes con sinceridad en cuál de estos escalones estás y en cuál te gustaría estar, empiezas a entender que cada gasto cotidiano tiene un trasfondo en nuestros hábitos, y que estos son los que terminan por gestar nuestra realidad. Así que te proponemos veintiun días adoptando uno de los siguientes hábitos hacia la libertad financiera, adoptando las que te sirvan de acuerdo a tu nivel. Así empezarás a experimentar el poder de las finanzas en la emocionalidad y viceversa para crecer tu negocio y tu ser interior.

Los buenos hábitos fortalecen la libertad financiera

Acá encontrarás algunos pasos que pueden ser de valor para emprender en el camino que has iniciado con la lectura de este texto, que esperamos te acompañe en el alcance de la libertad financiera. Esperamos que ante lo tambaleante de la vida, encuentres en estos consejos prácticos una técnica de alto impacto.

1. Claridad en tus objetivos financieros:

Si tienes claras tus metas estas aparecerán dibujadas de manera clara en el horizonte. No se trata solo de escribir tus objetivos, sino de estipular el plazo para alcanzarlos y sobre todo responderte a ti mismo ¿Por qué quiero obtener libertad financiera? Solo tu motivación intrínseca sabrá responder a esto. De lo contrario será prácticamente imposible transformar porque no tendrás un norte. Primero, debes estar claro.

La razón para emprender este camino debe ser algo realmente importante y por lo que estás dispuesto a hacer grandes sacrificios. No olvides escribir esta motivación y ponerla en un lugar que te sea visible, así continuarás firme en el propósito El periodo de tiempo que fijes para el alcance debe ser corto pero razonable, este dependerá directamente de cuáles son tus objetivos en términos monetarios y el nivel en el que te encuentras ahora mismo.

2. Finanzas sanas

Por mínimos que sean tus ingresos debes aprender a gestionar lo que ahora tienes. Si no estableces un hábito contundente de ahorro y no endeudamiento ahora, no lo harás cuando alcances la libertad financiera. Así que, compra lo que realmente necesitas, un capricho de vez en cuando está bien, pero no debe ser la regla general si quieres continuar en firme en este sendero que tantos beneficios generará en tus finanzas y emociones.

3. Pasa a la acción

Todos, de una u otra forma, buscamos la libertad financiera. Muchos nos hemos formado para lograrla en teoría, pero ¿estás dispuesto a poner los principios en práctica? Invierte y aplica lo aprendido rápidamente, es decir, sobre planeación pero con una decisión contundente.

Cuando es momento de pasar a la acción muchos se quedan con los brazos cruzados. En un primer momento debes invertir para generar ingresos pasivos, luego aprenderás a arriesgarte más y subirás de nivel, como sabes toda inversión lleva riesgo.

4. Múltiples fuentes de ingresos

Has escuchado aquel refrán popular que dice "no se deben poner todos los huevos en la misma cesta" esto aplica para cualquier tipo de inversión o activo, por ejemplo si tienes un negocio online no dependas de un único cliente o de un único proveedor; si inviertes en bolsa compra acciones de diferentes empresas o mejor, de varias empresas en diversos sectores, de esta manera si un sector tiene fluctuaciones no dependerás solamente de esta inversión, sino que tendrás tus inversiones puestas en diferentes canastos. En definitiva, es importante crear activos diversos, para crear fuentes de ingresos que se complementen los unos a los otros.

5. Automatiza tu ahorro e inversiones.

Haciendo uso de la tecnología con la que contamos actualmente podemos automatizar los procesos que más se nos complican como el ahorro. Basta con introducir una orden al banco para que por ejemplo cada mes tome el 20% de los ingresos a un fondo para imprevistos, de esta manera no estaremos tentados de gastarnos todo nuestros ingresos pues ya sabremos que un porcentaje de estos se ha ido a una cuenta separada que solo debemos tocar en caso de emergencia.

Las inversiones también se pueden automatizar, transferir mes a mes una cantidad determinada a la cuenta de bróker. Esta manera de automatizar permitirá que no nos dejemos llevar por nuestras emociones en tiempos de mercados fluctuantes que en bolsa ocasionan demasiados problemas.

6. Sostén tu visión en el largo plazo:

Si piensas a corto plazo, va a ser complejo alcanzar la libertad financiera pues vas a invertir únicamente en activos que te van a generar ingresos ahora, pero no vas a ver su evolución a futuro, por lo tanto no tendrás seguridad y vas a tener que estar buscando constantemente nuevos activos para invertir.

La recomendación es invertir en activos que siempre han existido, con un horizonte de inversión de largo plazo. La bolsa existe hace más de doscientos años, y si bien al corto plazo puede tener cortas caídas, a largo plazo tiene una clara tendencia alcista. Lo mismo ocurre con las inversiones inmobiliarias, si bien pueden llegar a tener valoren un corto plazo de tiempo, a largo plazo el sector inmobiliario tiene una tendencia al alza. Lo mismo ocurre con los negocios online, que son una tendencia que al parecer llegó para quedarse.

Tu paciencia dará resultados, por lo que no tengas miedo de pensar en invertir a largo plazo ni de enfocarte en la creación de hábitos que, con algo de esfuerzo, podrán empezar a instaurarse en tu estilo de vida.

Conclusión

Tal vez una de las motivaciones que tuviste para abrir este libro fue la necesidad de aprender cómo generar ingresos de forma fluida sin tener que sacrificarte. Tal vez fue tu visión de estar estancado en tu negocio, y la necesidad de crecer. Quizás tienes los ingresos suficientes pero tus emociones no están en orden. Sea cual sea la motivación, has llegado hasta el final y te hemos entregado algunos secretos para soltar los antiguos temores, detonadores y saboteadores de los que hablamos en los dos últimos capítulos, y dar este gran paso hacia la fluidez financiera y emocional.

La escasez suele ser una mentalidad que vamos adquiriendo a raíz de la brecha entre nuestros temores y la oferta infinita de bienes y servicios en el mercado. Para crear abundancia hay que empezar por trabajar en las emociones que nos hacen sentirla como una utopía.

Muchas personas viven programadas bajo la falsa creencia de que los recursos son escasos y por tanto se ven limitadas por sus condiciones materiales actuales y nunca reciben lo que desean, pues creen no merecerlo o por el contrario no saben cómo lograrlo.

Para que el flujo de dinero vaya a tu favor, es cuestión de crear un estado de tranquilidad, es decir, no te enfoques en los problemas económicos o emocionales que tengas ahora, sino céntrate en las áreas de tu vida que están funcionando de manera plena, siempre buscando la mejora, siempre poniendo el bienestar por encima de las diversas situaciones que puedas afrontar.

Así te irás sintiendo mejor cada día e irás avanzando paso a paso en la erradicación de un enfoque que limita y no nos deja potenciar aquellas áreas en las que somos más fuertes. Se trata de un cambio profundo en nuestra manera de concebir las cosas.

Estamos programados para regirnos a partir de la escasez y la carencia, en una dinámica donde pensamos que para ganar algo otra persona tiene que perder. Para salir de esta lógica solo tienes dos elecciones: regirte a partir de la riqueza o de la pobreza. Elige ser abundante. Si tú eliges creer que tu realidad es de escasez y carencia, sí o sí será así, porque lo que crees será lo que se va manifestando en tu mundo emocional y por tanto, en el orden de cosas actual.

Algunos trucos para reprogramar la mente hacia la abundancia y reconectar con este flujo que nos permite ser más estables financieramente es identificar cuáles son tus mayores fortalezas, y centrarte en ellas para sobreponerte a las condiciones actuales. Por ejemplo, tienes problemas económicos, pero tienes salud, la convivencia familiar está en su mejor momento, céntrate en ello y verás cómo esto empieza a influir en tu trabajo y creatividad para afrontar las otras áreas descompensadas.

Aquello que va construyendo tu realidad no es tanto lo que piensas, sino tu estado emocional, por lo tanto si te enfocas en lo que ya funcionas y es abundante esto te hará sentir bien. En este trabajo pondrás todo tu empeño: en sentirte cada día mejor en aquellos aspectos que son tu fuerte. Olvídate de problemas, de falta, de carencia.

Practica mucho la gratitud y pasa todo el día dando gracias por las cosas más mínimas. Esto te irá haciendo merecedor de la abundancia. Siente que mereces esta abundancia ilimitada. Estamos viviendo en un mundo de infinitas oportunidades y recursos, por lo cual no podemos limitarnos sintiéndonos poco ante la riqueza. Abrázate al sentir de "yo merezco esto".

Por otra parte, si cuando recibes aunque sea algo mínimo te muestras generoso, si compartes lo que ya tienes, esta abundancia volverá a ser reinvertida en ti. Valora lo que tú haces porque tu camino es importante, y cada paso que has dado para llegar a él, cuenta.

Si tienes problemas en el aspecto financiero, o si no tienes tanta libertad financiera como la que deseas significa que hay una falta de coherencia en tu vida: identifícala. Por ejemplo, quieres más dinero pero estás quejándote todo el día; buscas por una parte generar ingresos pero no te sientes emocionalmente bien.

La riqueza parte de lo que somos y cómo lo potenciamos, si no podemos entender esto, aun con la mayor de las habilidades creativas podemos ser trabajadores para una empresa por treinta años. Aunque los modelos de negocio se van acoplando cada vez más a las condiciones dinámicas del mercado, y los trabajos son cada vez más flexibles, a lo que todos aspiramos es a trabajar por placer y no vendiendo nuestro tiempo a cambio de dinero.

Este disfrute máximo de la vida se da cuando sembramos un nivel de autoconsciencia tal que estamos preparados para enfrentarnos a los retos que nos impone la vida y a gestionar nuestra emocionalidad en favor de nuestro estilo de vida, para acrecentar el nivel de libertad económica. Entre menos dependas directamente de tu trabajo, más tiempo tendrás para desarrollarte en otros niveles de tu vida, brindarles tiempo de calidad a tus seres queridos y dedicarte a lo que te apasiona.

Si por otra parte, tu trabajo te apasiona pero no te está generando los ingresos necesarios para asegurarte frente a las situaciones imprevistas; no estás sembrando una libertad ni una plenitud. Sigues atado a las condiciones materiales de la existencia y es necesario transformar aquello que durante tanto tiempo hemos asociado con estabilidad, por un poco de riesgo para empezar a trascender y construir una mejor calidad de vida para nosotros mismos y nuestras familias.

Este libro podrá ser tu guía cuando te sientas estancado: en el capítulo 4 y 5 encontrarás aquellos factores que pueden estar influyendo en este sentimiento y además algunas tácticas para resolverlo, y de esta manera te será más fácil identificarlos. Vuelve a ellos las veces que sea necesario, pero trata de llevar contigo las habilidades del capítulo 3 y los hábitos que hemos sembrado en el capítulo 5, ellos serán tus mejores maestros en estas situaciones.

Tu mente es un terreno fértil donde hoy has sembrado la primera semilla hacia el crecimiento emocional y financiero de ti mismo y de tu negocio. Ten paciencia. Riégala. Familiarízate con sus ciclos y entenderás por qué el hoy es el producto de las decisiones conscientes que hemos tomado, y por qué esta búsqueda de aprendizaje no debe detenerse, sino que debe acompañarnos en el sendero.

www.ingramcontent.com/pod-product-compliance
Lightning Source LLC
Chambersburg PA
CBHW050007230526
45465CB00003BB/1305